明代登科錄彙編十五

嘉靖辛酉科山東鄉試目錄

第一名崔　桓　萊州府平度州學生軍籍治詩經

第二名公家臣青州府蒙陰縣學生軍籍治易經

第三名丘雲章青州府諸城縣附生民籍治禮記

第四名劉希孟青州府安丘縣增生軍籍治書經

第五名張彝訓兗州府寧陽縣學生軍籍治春秋

第六名于慎行兗州府東阿縣增生民籍治詩經

第七名張　鯉東昌府臨清州學生民籍

第八名杜　輅兗州府泗水縣學生匠

第九名趙之節濟南府濱州增生軍籍

第十名江蘩化兗州府濟寧州增生軍籍治詩經

第十一名胡來貢萊州府掖縣附生官籍治易經

第十二名沈淵濟南府新城縣學生民籍治書經

第十三名李苟青州府壽光縣增生軍籍治易經

第十四名于藩青州府博興縣學生軍籍治詩經

第十五名王之輔濟南府新城縣增生匠籍治詩經

第十六名王廷召東昌府朝城縣增生民籍治易經

第十七名姜密東昌府夏津縣學生民籍治詩經

第十八名韓容濟南府青城縣附生民籍治禮記

第十九名孫玄兗州府東平州學生民籍治詩經

第二十名晏尚仁青州府昌樂縣學生軍籍治書經

第二十一名宋　仕濟南府平原縣附生軍籍治易經

第二十二名劉　楩濟南府鄒平縣學生軍籍治春秋

第二十三名李先春濟南府長清縣增生軍籍治詩經

第二十四名伍　選兖州府　學生軍籍治易經

第二十五名宿緯東萊州府　學生民籍治詩經

第二十六名鄭　傑濟南府歷城縣學生民籍治書經

第二十七名李學詩兖州府東阿縣增生民籍治詩經

第二十八名馬文煒青州府安丘縣學生民籍治易經

第二十九名杜應元兖州府汶上縣增生民籍治詩經

第三十名栗祁東昌府夏津縣附生軍籍治書經

第三十一名逄夢龍萊州府膠州學生軍籍治易經

第三十二名李宜春東昌府莘縣學生軍籍治詩經

第三十三名張承文東昌府濮州學生軍籍治詩經

第三十四名吳道行濟南府濱州學生軍籍治春秋

第三十五名李師曾濟南府霑化縣學生民籍治易經

第三十六名耿鳴世濟南府新城縣增生民籍治書經

第三十七名王載揚濟南府淄川縣學生軍籍治詩經

第三十八名楊鹽萊州府即墨縣增生軍籍治禮記

第三十九名楊之升東昌府濮州附生民籍治詩經

第四十名孟　醇濟南府歷城縣附生民籍治易經
第四十一名呂懷器兗州府濟寧州學生軍籍治詩經
第四十二名吳中傳東昌府朝城縣學生軍籍治書經
第四十三名李遐齡東昌府夏津縣學生軍籍治易經
第四十四名劉士學青州府臨朐縣學生民籍治詩經
第四十五名趙鄉薦青州府昌樂縣學生軍籍治詩經
第四十六名閆　芹萊州府高密縣學生民籍治易經
第四十七名張夢鶴東昌府　莘縣　增生民籍治詩經
第四十八名孫　珮青州府益都縣附生軍籍治春秋
第四十九名楊　堪濟南府禹城縣學生民籍治書經

第五十名趙延祉兗州府東平州增生軍籍治詩經
第五十一名李太和萊州府膠州增生軍籍治易經
第五十二名孔承詔兗州府定陶縣學生儒籍治詩經
第五十三名高一登東昌府清平縣籍應天府句容縣人治書經
第五十四名周晋萊州府學生軍籍治詩經
第五十五名徐詔萊州府附生軍籍治書經
第五十六名呂宗韶兗州府濟寗州學生民籍治易經
第五十七名梁符兗州府汶上縣學生民籍治書經
第五十八名張夢麟東昌府朝城縣學生民籍治詩經
第五十九名東文奎東昌府莘縣學生軍籍治禮記

第六十名傅學易東昌府聊城縣學生軍籍治詩經
第六十一名柳如桐東昌府冠縣學生民籍治易經
第六十二名劉朴東昌府博平縣學生民籍治書經
第六十三名張光宇濟南府齊河縣學生軍籍治詩經
第六十四名洪一謨濟南府增生民籍治春秋
第六十五名柳明東昌府臨清州學生民籍治詩經
第六十六名蕭大亨濟南府泰安州學生民籍治書經
第六十七名馬應夢兗州府曹州學生軍籍治詩經
第六十八名趙池青州府昌樂縣學生軍籍治詩經
第六十九名劉鈛濟南府學生民籍治易經

第七十名鞠學詩青州府臨朐縣增生軍籍治書經
第七十一名邹存正　青州府　學生軍籍治詩經
第七十二名徐元吉兖州府東平州學生民籍治易經
第七十三名倪　湯東昌府館陶縣增生民籍治詩經
第七十四名程世英兖州府魚臺縣學生民籍治書經
第七十五名王納謨登州府萊陽縣增生軍籍治禮記

題同年齒録

辛酉之秋八月甲申山東賓賢事竣七十五子者列
其姓氏文字以獻之
天子矣外此奚録哉諸士子進而言曰天下有公義亦有
私情録以獻者義之公也而録齒者情之私也君子
不以公廢私不爲義掩情然則是録似亦不可已者
敢請余輾然曰諶哉諸士子之請可以叙矣余嘗竊
慨夫天下事有若輕而實繫之重者同年齒録是已
何也蓋道先惇倫仕貴慎始始匪慎則肆倫匪惇則
偷偷比於漓肆流於傲無一可者爾諸士知叙齒之

徽壺守人僉曰叙齒者不過第其年之長幼[illegible]
後與夫世業里閈之原經學表號之跡以為通家[illegible]
好[illegible]耳抑末矣而叙之初意豈耑耑是耶使是録也
而耑耑於齒之叙也則執塗之人而語之曰某也長
先之某也少後之人孰不知之孰不知叙之曾謂登
是榜者而有昧焉者乎噫非也余以為名雖叙齒而
實則繫之心焉心者諸士之所以惇倫而慎始者也
必德業相勸過失相規内外相孚以暫相協親若同
胞休戚固閭夫然後無媿於兄弟之誼而有辭於天
下以是惇倫信之植也以是慎始本之端也信植則

德可以本端則業可大茲非諸士子發軔之法程與
不然淪訛者象恭者也噂沓者畜譖者也陵先者挾
賢者也傾忌者敗類者也是不惟無裨於友衙而亦
不齒於士君子矣是豈余之所望於諸士者哉雖然
猶未也昔者陸宣公握文柄而昌黎氏獲進朱晦翁
擢賢科而王佐氏馳聲遺風流耀今古爲烈然則人
品之瑰瑋功業之暢茂固不繫於區區名次閒也諸
士子其尚砥礪而慎之哉毋使唐宋賢人得以專稱
也耶是故余望諸士之厚故於茲錄也叙之以齒而
先繫之以心諸士子閱之再拜曰謹受教矣遂書

紳而別

賜進士出身文林郎巡按山東監察御史湖襄漢楼劉存

義譔

山東辛酉科同年齒録總目

濟南府屬十八人

劉　釴 曉山　洪一謨 友鶴 俱濟南府　孟　醇 賓竹

鄭　傑 文菴 俱歷城縣　劉　梗 少白 鄒平縣　王載揚 見山 淄川縣

王之輔 錦峯　耿鳴世 敬亭　沈　淵 澄川 俱新城縣

張光宇 鳳岡 齊河縣　楊　堪 鳳岡 禹城縣　李先春 豫菴 長清縣

韓　容 岱野 青城縣　蕭大亨 岳峯 泰安州　安　仕 可象 平原縣

趙之節 如春　吴道行 虛菴 俱濱州　李師曾 魯恭 霑化縣

兗州府屬十六人

伍　選 虞門 兗州府　張聚訓 復所 滋陽縣　杜　輅 質菴 泗水縣

程世英 心田 魚臺縣　馬應夢 [illegible]坡 曹州　孔[illegible]詔 [illegible]渭 定陶縣
呂懷器 澥南　呂宗韶 魯峯　江繁化 新渠 俱濟寧州
徐元吉 方塘　孫玄 太宇　趙延祖 念齋 俱東平州
杜應元 西浦　梁符 慕雲 俱汶上縣　李學詩 前峯
于慎行 穀山 俱東阿縣

東昌府屬十八人

傅學易 肖巖 聊城縣　劉朴 潔軒 博平縣　高一登 鳳臺 清平縣
東文奎 仰山　李宜春 東亭　張夢鶴 九皐 俱莘縣
郲如桐 文洲 冠縣　張鯉 雨田　柳明 左橋 俱臨清州
倪湯 中齋 館陶縣　姜密 心泉　李遐齡 北沙

栗　祁　東岩　俱夏津縣　張承文　麗澤　楊之升　貞菴　俱濮州

張夢麟　靜峯　王廷召　琳石　吳中傳　巽菴　俱朝城縣

青州府屬十三人

邱存正　青泉　青州府　孫　珮　崑石　益都縣　于　藩　嵩毓　博興縣

李　商　環洲　壽光縣　晏尚仁　岱村　趙鄉薦　近山

趙　池　繼山　俱昌樂縣　劉士學　鈍齋　鞠學詩　對川　俱臨朐縣

馬文煒　定宇　劉希孟　泰岩　俱安丘縣　丘雲章　肖林　諸城縣

公家臣　東塘　蒙陰縣

萊州府屬九人

周　晉　蓮澤　宿維東　少陽　徐　詔　鳳樓　俱萊州府

胡來貢 順菴 掖縣　崔桓 桂山 平度州　逄夢龍 見田

李太和 致菴 俱膠州　閆芹 靖軒 高密縣　楊鹽 鍊菴 即墨縣

登州府屬一人

王納諫 一川 萊陽縣

郇存正

字蒙子號青泉青州府學生軍籍治詩經行五己卯年八月
初一日生
鄉試第七十一名丁卯授湖廣荆州府推官庚午陞山西太原府同知致政

曾祖增
祖鐸
父琇
兄存義 存禮 存信生員 存學驛丞
母石氏
永感下
娶李氏 子祉

傅學易

字汝時號育巖東昌府聊城學生軍籍治詩經行三年己亥九

月十六日生

鄉試第六十名　卒

曾祖寬　壽官

祖璋　教諭

父相　知縣

母程氏

繼母張氏

慈侍下

兄學詩　主簿　學禮　巡檢

娶汪氏　子光宅　丁丑進士吳縣知縣　光啟

周晉

字旬昭號蓮洋萊州府學生軍籍治詩經行一壬午年十二月二十一日生

鄉試第五十四名甲戌授陝西邠州知州丁丑陞河南開封府同知

曾祖均讓壽官

祖見

父命贈奉政大夫河南開封府同知

母田氏封太宜人

永感下

兄尚文　允文生員　弟汝桂　博文習俱省祭　希旦　希呂監生　汝松

娶王氏贈宜人　子德恭生員　德器生員　德容

楊監 字爾育號鍊菴萊州府即墨縣增廣生軍籍治禮記行三癸未年六月初三日生

鄉試第三十八名 庚辰授山西吉州學正癸未陞南隸徐州沛縣知縣

曾祖榮 主簿

祖澤 知縣

父良臣 通判

前母唐氏 母王氏

繼母王氏 劉氏

兄羨 醫官 舟 歲貢

永感下

娶匡氏 子懋林 秀林 俱生員 上林

李師曾

字宗孔號魯菴濟南府霑化縣學生民籍治易經行二甲申年十一月初三日生

鄉試第三十五名甲戌授山陝西興平縣知縣丁丑調河南許州學正 卒

曾祖堂

祖愷

父粹

前母解氏

母石氏繼母賈氏　兄師顔

永感下　娶宋氏　繼娶李氏

劉釴　字叔薦號曉山濟南府學生民籍治易經行二甲申年十二月初十七日生

鄉試第六十九名甲戌授陝西漢中府通判　左遷鄭府審理正

曾祖泰

祖源

父傑

前母蕭氏

母陳氏　兄鍔生員

永感下　娶賈氏　子崇德生員

張鯉 字爲龍號雨田東昌府臨清州學生民籍治易經行一乙酉年二月十七日生

鄉試第七名

曾祖機

祖錦 杭州府知事

父淵

母吳氏

永感下

娶王氏 子爾範 生員 爾宗

張承文

字世寬號鹿澤東昌府濮州學生軍籍治詩經行六乙酉年四月二十四日生

鄉試第三十三名甲戌授山西平陽府趙城縣儒學教諭丁丑陞山西汾州孝義縣知縣致政

曾祖義

祖環代子舉人順德府推官

父九功丙子舉人靜海知縣

前母祝氏

母郭氏

慈侍下

兄承祿 承恩餼生員 承裕 承榮

娶安氏 子一眷生員

宿緯東 字允明號少陽萊州府學生民籍治詩經行一乙酉年六月初七日生

鄉試第二十五名 庚辰授陝西鳳翔府鳳翔縣知縣甲申陞鞏昌府通判

曾祖富 壽官

祖汶

父應奎 貢士

母單氏

永感下

弟度 四川參政 燾 廩生員 有常 有儉

娶高氏 子脩學 生員 脩舉

東文奎

字際隆號仰山東昌府莘縣學生軍籍治禮記行一乙酉年九

月初八日生

鄉試第五十九名戊辰卒

曾祖志海

祖德先

父魯

母劉氏

繼母劉氏

嚴侍下

娶范氏高氏繼娶王氏　子繼周監生

張夢麟 字伯瑞號靜峯東昌府朝城縣學生民籍治詩經行一丙戌年三月十六日生

鄉試第五十八名 丙子 授河南河南府通判 辛丑陞彰德府磁州知州 己卯

曾祖錦 知州

祖瑶 巡檢

父恭 倉副使

前母梁氏

母秦氏

弟夢易

慈侍下

娶林氏 繼娶郭氏

子鳳鳴

徐元吉

字德旅號方塘兖州府東平州學生民籍治易經行一丙戌年五月初三日生

鄉試第七十二名甲戌授直隸順天府玉田縣知縣調陝西平涼府隆德縣知縣

致政

曾祖顯 義官

祖紳 縣丞封左府都事入名宦

父有讓 工部主事

母王氏

永感下

弟逢吉 衛經歷 貞吉 生員

娶張氏 子學垣 學奎 學緯

劉梗

字伯木號少白濟南府鄒平縣學生軍籍治春秋行三戊子年十一月十一日生

鄉試第二十二名 辛巳授直隸真定府獲鹿縣知縣

曾祖傑

祖霑 壽官

父光澤 歲貢

前母郭氏 母王氏

繼母王氏 張氏

永感下

兄桂 生員 樞 省祭 弟柟

娶王氏 子文炳 儒官 文煒 生員

江鰲化

字以極號新渠兗州府濟寧州增生民籍治詩經行一己丑年

二月初七日生

鄉試第十名 卒

曾祖龍

祖湖 勅贈文林郎

父東 按察司僉事進階中憲大夫

母耿氏 封孺人

嚴侍下

弟鯨化生員 鯉化 鯤化 鯈化 鮀化

娶劉氏 子之永 之長 之京

張光宇

字子陽號鳳岡濟南府齊河縣學生軍籍治詩經行二己丑年

三月初四日生

鄉試第六十三名癸未授河南開封府延津縣知縣

曾祖祥大使

祖寶

父朝爵

母房氏

永感下

兄光閣生員 弟光輝

娶傅氏 子問達 述謹

張彝訓 字天叙號復所兖州府寧陽縣學生軍籍治春秋行一
乙亥年七月初十日生

鄉試第五名 辛未會試二百五十三名

廷試三甲七十四名 辛未授直隸永平府撫寧縣知縣戊寅復除保定府博野縣知縣
乙卯陞戶部主事歷陞郎中

曾祖俊

祖珣

父滋 生員贈奉政大夫戶部山西司郎中

母宋氏 贈宜人

永感下

弟彝器 彝教 彝性 彝憲

娶馬氏 封宜人

子敬業 繼業 廣業

呂懷器

字秀才號滋南兖州府濟寧州學生軍籍治詩經行七丙戌年十月初八日生

鄉試第四十一名

曾祖昇

祖俊

父漢 壽官

母閻氏

永感下

兄懷珍 懷人 懷玉 懷仁 懷賓 麒 省祭 禮

弟楊

娶郭氏

劉朴

字子文號潔軒東昌府博平縣學生民籍治書經行一丁亥年十二

四月十七日生

鄉試第六十二名丁丑授直隸保定府蠡縣知縣 致政

曾祖敬

祖義

父朝 壽官

母張氏

具慶下

娶宋氏繼娶王氏 子煉 生員 燧

呂宗韶

字舜卿號魯峯兗州府濟寧州學生民籍治易經行二丁亥年

九月初七日生

鄉試第五十六名

曾祖清

祖良

父欽祖

母趙氏

兄宗濩

娶賈氏　子希文　希晏

劉士學　字子儒號鈍齋青州府臨朐縣學生民籍治詩經行一戊子年二月十六日生

鄉試第四十四名

曾祖廸

祖聰

父雲鄉賓

母趙氏

永感下

娶尼氏　子應科生員　應第　應徵

伍選

字舜賓號宇門兗州府學生軍籍治易經行一己丑年十二月十七日生

鄉試第二十四名庚辰授山東青州府益都縣儒學教諭癸未卒

曾祖天麒

祖定

父鸞

母鍾氏

慈侍下

娶賈氏　子養儉　養默　國子生　養謙

閆芹

字特獻號靖軒萊州府高密縣學生民籍治易經行二庚寅年十二月二十五日生

鄉試第四十六名甲戌會試一百五十九名

廷試三甲一百六十九名甲戌授行人司行人庚辰陞南京戶部主事

曾祖勝

祖達

父仲苗

母劉氏

永感下

兄藻省祭 弟蘭

娶馮氏

崔桓 字叔武號桂山萊州府平度州學生軍籍治詩經行三庚寅年二月二十七日生

鄉試第一名庚辰授直隸大名府濬縣儒學教諭癸未陞真定府武邑縣知縣

曾祖璘

祖鎬

父廷槐丙辰進士四川按察司僉事

母宋氏

永感下

兄 栻 梁 俱生員 堯 布政司都事 丑 瑚 俱監生 寅 七 清

弟 衮 悟 俱監生 淳 順天知縣 岩 恒 致 光 津 坦 枚 蜀 俱生員

娶王氏繼娶田氏 子璨 珹 珧 璹

李宜春

字叔芳號東亭東昌府莘縣學生軍籍治詩經行一庚寅年四月初七日生

鄉試第三十二名戊辰會試三百九十二名

廷試三甲一百三十七名辛未授順天府固安縣知縣乙亥陞南京戶部主事歷陞郎中壬午陞四川夔州府知府

曾祖鐸

祖文節

父錦生員贈承德郎南京戶部山西司主事

前母王氏母于氏贈安人

繼母師氏

永感下

弟應春監生

娶沈氏張氏封安人

子純樸生員 純楨生員

馬應夢 字仕徵號坡兗州府曹州學生軍籍治詩經行一庚寅年七月十三日生

鄉試第六十七名乙丑會試二百十四名

廷試三甲二百二十七名丙寅授直隸池州府推官辛未擢山西道御史歷陞參議共鄉改霸州判官癸未陞山西潞安府推官

曾祖興

祖勳

父文業生員

母范氏

慈侍下

弟應揚生員 應願

娶王氏 子健 捷

一

杜應元

字春伯號西浦兖州府汶上縣學增廣生民籍治詩經行一庚

寅年八月初三日生

鄉試第二十九名

曾祖彪

祖思厚

父相

母徐氏

弟應運　應期

具慶下

娶劉氏　子焯

李學詩

字叔言號前峯兗州府東阿縣增廣生民籍治詩經行三庚寅
年九月二十八日生
鄉試第二十七名乙丑會試二百九十一名
廷試三甲一百六十四名乙丑授山西陽曲知縣戊辰陞河南開封府同知辛未陞刑部員
外郎　調兵部武選司　陞郎中

曾祖玘
祖統
父顓　義官
前母劉氏母王氏　兄學周　學易　弟學忠　學書　學恕
慈侍下　娶張氏　子剛克生員　柔克

夏尚仁

字元卿號岱山村青州府昌樂縣學生軍籍治書經行一[illegible]

十一月二十四日生

鄉試第二十名　卒

曾祖泰

祖子昌

父銳

母陳氏

永感下

娶張氏　子初大　初亨　初顯　初命

趙鄉薦 字克顯號近山青州府昌樂縣學生軍籍治詩經行三庚寅年十二月十六日生

鄉試第四十五名丁丑授浙江湖州府同知庚辰復除直隸定州府同知癸未卒

曾祖岳

祖仁

父璿

前母郝氏

母李氏

具慶下

兄愢薦 舜薦 弟會薦生員

娶韓氏 子灃 渥

王之輔

字俌仁号金峯河南府[illegible]

寅年十二月十八日生

鄉試第十五名甲戌授山西隰州知州乙亥調霍州戊寅陞大名府同知

曾祖伍 善行載縣誌

祖麟 教授贈通議大夫戶部右侍郎

父重光 太僕寺少卿加贈通議大夫戶部右侍郎

母劉氏 封太淑人

慈侍下

兄之翰 監生封文林郎知縣 之垣 戶部侍郎 弟之城 博野知縣 之獻 禮部主事 之棟

娶于氏 子象蒙 庚辰進士光祿少卿 象電 生員 象節 翰林院檢討 象萃

張夢鶴 字鳴鄉號九臯東昌府莘縣學增廣生民籍治詩經行二辛卯
年正月十六日生

鄉試第四十七名

曾祖清

祖貢

父愛民 生員

母謝氏

具慶下

兄卜鶴 弟雲鶴

娶邢氏 子爾栗 爾敬 爾勤 爾恭

洪一謨 字陳可號友鶴湖南府學增廣生民籍治春秋行五辛卯年三月二十五日生

鄉試第六十四名甲戌授順天府東安縣知縣乙亥調良鄉縣庚辰擢廣道東道御史中陞湖廣按察司僉事

曾祖秀

祖淮義官贈戶部郎中

父遇知府入名宦祠

母劉氏贈恭人

繼母王氏贈恭人

兄一言 一誨俱生員 弟一誥 一誠 一默俱生員

永感下

娶金氏贈孺人 繼娶周氏封孺人 子綅 紋

逄夢龍 字瑞徵號見田萊州府膠州學生軍籍治易經行一辛卯年五

[illegible]十六日生

鄉試第三十一名 癸未 授直隸真定府饒陽縣知縣

曾祖順

祖永繼 驛丞

父卿 生員

母崔氏

永感下

弟夢麟 生員 夢鹿

娶韓氏 繼娶周氏

于藩

字子衛號嵩巖青州府博興縣學生軍籍治詩經行一辛卯年

八月十一日生

鄉試第十四名　卒

曾祖彪

祖蘭

父九皋

母萬氏

永感下

弟宣生員　旬　翰　寧

娶王氏　繼娶田氏　穆氏

孫玄

字叔乾號太宇兗州府東平州學生民籍治詩經行一辛卯年

九月十二日生

鄉試第十九名丁丑會試二百五名

廷試三甲二百十六名丁丑授南京戶部主事癸未復除戶部主事

曾祖達知縣

祖奉宗散官

父存義知州

母李氏

嚴侍下

娶董氏 子鵠年生員 堯年 舜年

李太和

字原中號致菴萊州府膠州學增廣生軍籍治易經行一年卯

年十月二十九日生

鄉試第五十一名 卒

曾祖縉 義官

祖相 訓導

父孔昭

母崔氏

永感下

弟遇和 惟和 金和 至和

娶高氏 子啟白 肇白 知白 長白

鞠學詩 字達夫號對川青州府臨朐縣學增廣生軍籍治書經行一辛卯年十二月二十日生

鄉試第七十名

曾祖珍 主簿入鄉賢載縣誌

祖芹 生員

父禺

母顏氏

具慶下

弟學書 學儀 學禮

娶喬氏 吳氏

子肪

孔承詔

字永儀號筠溪兗州府定陶縣學生儒籍治詩經行二壬辰年

正月初十日生

鄉試第五十二名

曾祖[illegible]士 七代

祖公嶸 宣聖五十八代孫 貢士

父彥弼 宣聖五九十 九代孫

母喬氏

永感下

兄承寵 宣聖六十代孫 生員

娶喬氏

蕭大亨

字夏卿號岳峯濟南府泰安州學生民籍治書經行二壬辰年

三月初一日生

鄉試第六十六名壬戌會試二百六名

廷試三甲一百三十六名授山西榆次縣知縣乙丑陞戶部主事歷陞僉事參議副使

參政庚辰陞都察院右僉都御史巡撫寧夏辛巳調宣府壬午陞右副

都御史

曾祖叙經

祖勝

父乾 贈中憲大夫都察院右僉都御史

母王氏 贈淑人

兄大元

永感下

娶劉氏 封恭人

子化中

和中 生員

孟醇

字伯醇號竇竹濟南府歷城縣學附學生民籍治易經行一壬

辰年三月二十四日生

鄉試第四十名辛巳授直隸逮定遠縣知縣

曾祖山

祖玩

父宗堯典膳

母樊氏

嚴侍下

弟配 酬 醁

娶常氏 繼娶劉氏

子占甲生員

楊堪

字勝甫號鳳岡濟南府禹城縣學生民籍治書經行二壬辰年四月二十日生

鄉試第四十九名

曾祖興

祖聰

父惠

母趙氏

[illegible]侍下

兄坤 省祭官

娶侯氏 子大烈 壬午舉人 大庭 大訓 大休

姜寀

字一元號心泉東昌府夏津縣學生民籍治詩經行一癸巳年二月初四日生

鄉試第十七名壬戌授山西襄陵縣教諭甲子陞直隸阜城縣知縣調撫寧戊辰陞戶部主事陞郎中乙亥致政

曾祖興鄉耆

祖蘭教諭

父贊化知縣

母蔣氏封孺人

弟容太醫院吏目

具慶下

娶張氏封孺人

子世德 世科 世賞

公家臣

字共父號東塘青州府蒙陰縣學生軍籍治易經行一癸巳年

二月二十九日生

鄉試第二名 辛未會試一百五十六名

廷試二甲七十七名改庶吉士 癸酉授翰林院編修 辛巳調山西澤州判官 壬午陞直隷廣

平府推官 癸未陞南京戶部主事

曾祖景仁 贈工部員外郎

祖躋奎 按察司副使

父一載 知縣

母包氏

重慶下

弟家相 生員 家鄉 生員

娶李氏 子九族 生員 九章

王廷召

字子聘號琳石東昌府朝城縣學增廣生民籍治易經行一癸

巳年五月二十日生

鄉試第十六名癸未授陝西鞏昌府通判

曾祖蕃 知州

祖琉 檢校

父守家

母張氏

慈侍下

弟廷顯 生員

娶尹氏 子希旦 希曾

倪湯

字宗商號中齋東昌府館陶縣學增廣生民籍治詩經行一癸

巳年七月二十三日生

鄉試第七十三名辛未會試二百五十名

廷試三甲一百二十九名授山西興縣知縣壬申調蕪湖乙亥調成安辛巳陞順天府推官

卒

曾祖清

祖忠巡檢

父欽縣丞

母李氏

[illegible]下

弟瀾 瀛 淮 海

娶車氏 子松 栢 桐 梓

王載揚 宇汝賓號見山濟南府淄川縣學生軍籍治詩經行二癸巳年九月初五日生

鄉試第三十七名

曾祖昇

祖純

父相 省祭

母劉氏

具慶下

兄君錫 君揚 君龍 君賜王府典祀 君實監察御史

弟君鵬 君命 庭揚生員

娶張氏

趙之節

字與木號如春濟南府濟州学増廣生軍籍治書經行二己癸
巳年九月二十六日生

鄉試第九名 壬戌卒

曾祖雄

祖世榮 贈戶部員外郎

父大綱 左參政加俸二級

母李氏 封宜人

重慶下

兄之符 弟之牧 參人之後

娶田氏 繼娶吳氏

馬文煒

字仲韜號定宇青州府安丘縣學生民籍治易經行一癸巳年

九月三十日生

鄉試第二十八名壬戌會試一百七十一名

廷試三甲一百八十六名授河南確山縣知縣丁卯擢山西道御史辛未陞湖廣德安府

知府乙亥陞副使戊寅陞參政己卯陞按察使癸未江西右布政左布政

甲申陞都察院右僉都御史巡撫江西

曾祖鄰

祖驥

父惠生員贈中順大夫湖廣德安府知府

母門氏贈恭人

永感下

弟文煇生員　文焞　文燁

娶郭氏封恭人子建中　和中　正中

梁符

字信甫號慕雲兗州府汶上學生民籍治書經行一甲午年正月十五日生

鄉試第五十七名丁丑授河南滎澤縣知縣庚辰調茂山衛經歷癸未陞河東運司判官

曾祖寬

祖義

父鵬

嫡母曹氏

母施氏

慈侍下

娶李氏

弟箴 簡 簪 第 管

柳如桐

字養吾號文洲東昌府冠縣學民籍治易經行一甲午年二月[illegible]初六日生

鄉試第六十一名

曾祖仲祥

祖廷玉 鄉賓

父朝陽 生員

母王氏

繼母林氏

嚴侍下

弟如梓 如栢 生員 如楠 如松

娶姜氏 子公焞 公焯

高一登

字汝薦號鳳臺東昌府清平縣籍應天府句容縣人治書經行
一甲午年閏二月初一日生

鄉試第五十三名戊辰會試二百八十九名

廷試三甲二百十名授河南永寧縣知縣壬申陞南京戶部主事癸酉卒

曾祖禮

祖美

父偉

前母王氏

母丁氏

慈侍下

聘巫氏　娶葉氏　子逢吉　廸吉

程世英字汝志號心田兗州府魚臺縣學生民籍治書經行二甲午年
三月十四日生
鄉試第七十四名乙丑授直隸吳橋縣教諭丁卯陞慶雲縣知縣戊辰調莊浪 致政

曾祖真寶
祖文明
父撫
母汪氏 兄世芳 弟世恩 世蘭 世惠
具慶下 娶唐氏

柳明

字次公號左橋東昌府臨清州學生民籍治詩經行一甲午年

四月二十五日生

鄉試第六十五名庚辰授陝西渭南縣知縣壬午調河東運司經歷

曾祖瓚 壽官

祖瑞 壽官

父澤 生員

母劉氏

繼母張氏

嚴侍下

弟昭 曉生員 晰 暄生員 晧

娶閻氏 繼娶武氏

趙延祉 字尚錫號念齋兖州府東平州學增廣生軍籍治詩經行二甲午年七月初二日生

鄉試第五十名 授河南澠池縣知縣 卒

曾祖禮 吏目

祖鴻 知縣

父一鶴

母龔氏 兄延禧 生員 弟延裕 生員 延禩

具慶下 娶尹氏 子良牧

耿鳴世 字茂謙號敬亭濟南府新城縣學增廣生民籍治書經行一 甲午年十一月十七日生

鄉試第三十六名 戊辰會試一百八十名

廷試三甲二百八十八名 己巳授直隸邢臺縣知縣 壬申陞主事 乙亥改御史 …調山西清…

曾祖永 州判官陞潞安府推官 壬午陞禮部主事 員外郎 癸未陞山西僉事

祖溫 耆行義縣誌 贈太僕寺卿 進參議

父鋍 前府…禮部精膳司主事

母王氏 贈夫人

繼母劉氏許氏 俱贈夫人

嚴侍下

弟鳴樂 吏目 鳴岐 吏 鳴山 吏目 鳴雷 太僕寺卿 鳴岡 拔貢 鳴陽 生 鳴鶴

娶巴氏 繼娶徐氏 子庭柱 指揮 庭楫 庭楨 貢生 庭松 生員 庭柏 浙江… 吏部…

楊廷升

字商慎號貞菴東昌府濮州學附學生民籍治詩經行一甲午

年十二月二十二日生

鄉試第三十九名　卒

曾祖全

祖允

父世傑　儒官

母宋氏　弟之松

具慶下　娶張氏

李遐齡

字邵卿號北沙東昌府夏津縣學生軍籍治易經行三乙未年

四月十一日生

鄉試第四十三名壬戌授直隸肅寧縣教諭癸未陞山西夏縣知縣丙寅陞直隸大名府通

判戊辰陞山西隰州知州庚午陞太原府同知乙亥陞山西僉事辛巳陞參

議副使致政癸未卒

曾祖全

祖昇

父鳴世 生員

前母張氏

母姜氏

兄延年 延齡

慈侍下 娶李氏 姜氏

沈淵

字子靜號澄川濟南府新城縣学生民籍治書經行三乙未年

九月十七日生

鄉試第十二名乙丑會試一百二十八名

廷試三甲八十一名改庶吉士丁卯授翰林院檢討壬申兼司經局校書陞編修丙子陞國

曾祖俊　子監司業攝祭酒

祖宏

父雲龍　贈翰林院檢討例贈國子監祭酒

嫡母周氏　封太孺人例贈太宜人

生母黃氏　封孺人

慈侍下

兄源　潭　俱冠帶儒士　澧　弟學禮　淵

娶荆氏　封孺人例贈宜人　子庭桂　儒士　庭[illegible]　例貢署河南[illegible]

鄭傑 字汝興號文菴濟南府歷城縣学生民籍治書経行一丙申年二月初一日生

鄉試第二十六名乙丑會試十九名

廷試三甲五一百二十一名授直隸吳江縣知縣丁卯致政

曾祖璟義官

祖顯與膳

父大紀引禮生

母王氏

慈侍下

弟伸生員 僑 倌

娶周氏 子良輔

吴道行

字達甫號虛齋濟南府濱州學生軍籍治春秋行一丙申年二月初二日生

鄉試第三十六名丁丑會試二百九十八名

廷試三甲二百二十名庚辰授刑部主事

曾祖了翟 縣丞

祖宜 教諭

父士進 生員贈承德郎刑部湖廣司主事

母戚氏 贈安人

繼母尚氏

永感下

弟道齊

娶鄭氏 封安人 子亂昌

徐詔 字君寵號鳳樓萊州府學附學生軍籍治書經行一丙申年六月二十四日生

鄉試第五十五名甲申授山西臨縣知縣

曾祖冲 封官

祖洪

父彬

母孫氏

慈侍下

兄謙 讓 謹

弟誥生員 諫 誨生員

娶周氏 子上達 上第 上行

韓容

字可受號岱野濟南府青城縣學附學生民籍治禮記行二丙申年七月初七日生

鄉試第十八名辛未會試三百八十名

廷試三甲一百八十四名授直隸宜興縣知縣丁憂復除河南武陟縣知縣庚辰陞直隸大名府通判壬午陞山西澤州知州

曾祖相 知縣

祖齊 知縣贈南京廣東道監察御史

父一動 訓導

母石氏

兄章 弟芳 泉 荊 江 府 孝 忠 谷 儒 和

具慶下

娶王氏 子元祥 元嘉

劉希孟 字醇甫號泰岩 濟南府安丘縣學增廣生軍籍治書經行七丙申年九月初四日生

鄉試第四名 辛卯 會試二百七十四名

廷試三甲二百廿十九名授山西安邑縣知縣 丁丑 復除河津 庚辰 陞兵部主事 辛巳 調吏部主事 癸未 陞員外郎

曾祖 約

祖 普

父 魁 休寧縣主簿贈承德郎户部福建司主事

前母 馮氏 贈安人

母 黃氏 贈安人

永感下

兄 希龍 按察司副使 希尹 教諭 希虎 生員 希周 生員 希曾 弟 希程

娶李氏 贈安人 繼娶王氏 魏氏 俱封安人 子 如林 如金

王納諫 字用明號一州登州府萊陽縣學增廣生軍籍治禮記行一丙申年十月十四日生

鄉試第七十五名

曾祖通

祖文達

父尚爵 生員

母于氏

具慶下

兄納誨 納諫 弟納誘

娶祝氏 子在瀛 在濂

趙池 字道涵號繼山青州府昌樂縣學生軍籍治詩經行一庚申年十二月初四日生

鄉試第六十八名戊辰會試一百五十五名

廷試三甲三百十五名庚午授行人癸酉擢浙江道御史丁丑陞河南汝寧府知府夗卒

曾祖仁

祖珮儒官

父鶚薦訓導

母任氏

生母鄭氏 弟湖 湘 潭

具慶下 娶于氏

孫珮

字珀玉號崑石青州府益都縣學附學生軍籍治春秋行五丙申年閏十二月初二日生

鄉試第四十八名戊辰會試三百六十七名

廷試三甲二百六十八名己巳授直隸丹陽縣知縣壬申陞戶部主事丁丑陞郎中癸未陞江西參議

曾祖興

祖春

父文佐 贈奉政大夫戶部山西司郎中

母宋氏 封太宜人

慈侍下 兄松 孝 栢 弟信 思 惠

娶李氏 封宜人 子念祖 繼祖

李苘

字子蓋號環洲青州府壽光縣學增廣生軍籍治易經行三丁

酉年五月十八日生

鄉試第十三名壬戌會試二百三十八名

廷試三甲一百三十九名授河南宜陽縣知縣乙丑陞戶部主事丙寅改蘇州府教授丁卯

陞淮安府通判壬申復除保定府陞山西澤州知州癸酉陞太原府

同知戊寅陞陝西僉事辛巳陞山西參議壬午改河南教政

曾祖忠

祖紳 武德將軍

父校 主簿贈奉政大夫山西太原府同知

母張氏 封太宜人

慈侍下

兄芝 監生 芊 舉人

娶劉氏 封宜人 子應駿

栗祁

字子登號東岩東昌府夏津縣學附學生軍籍治書經行三丁

酉年五月十三日生

鄉試第三十名壬戌會試二百三十九名

廷試三甲一百十七名授直隸徽州府推官丙寅陞南京戶部主事戊辰陞郎中庚午陞浙

江湖州府知府乙亥陞山西副使丁丑加陞參政 卒

曾祖鑑

祖璋

父節 生員贈南京戶部主事

母蕭氏 封太安人

慈侍下

兄郊 社 弟祉 祓

娶商氏 子中實

胡來貢

字從治號順菴萊州府掖縣學附學生官籍治易經行二戊戌年三月十二日生

鄉試第十一名戊辰會試二百二十八名

廷試二甲八名授刑部主事壬申陞山西大同府知府調平陽歷陞副使參政按察使壬午陞都察院右僉都御史巡撫大同

曾祖秀 百戶

祖 百戶

父相 贈大中大夫山西布政司左參政

前母劉氏 贈淑人

母張氏 封太淑人

兄來獻 來儀醫官 來聘生員

慈侍下

娶武氏 封淑人

子師孔

杜輅

字從殷號質菴兗州府泗水縣學生匠籍治詩經行二戊戌年

六月初五日生

鄉試第八名 壬戌會試四十名

廷試三甲二名授中書舍人乙丑陞刑部員外郎庚午郎中甲戌陞河南副使

曾祖盛 壽官

祖錫 縣丞

父學詩 通判封刑部員外郎

母呂氏 封孺人

具慶下

兄時 舉人 道 監生 弟冕 廩膳生員 德 生員

娶孔氏 封孺人

宋仕 字汝學號可泉濟南府平原縣學附學生軍籍治易經行一戊戌年九月二十三日生

鄉試第二十一名辛未會試二百九十四名

廷試三甲二百七十六名授直隸衡水縣知縣癸酉調遵化丁丑擢浙江道御史

曾祖錫 工部營繕所所丞

祖台 府知事

父以方 封官贈文林郎浙江道御史

母楊氏 贈孺人

繼母黃氏

永感下

弟儁 倬

娶王氏 封孺人

李先春

字元甫號豫菴濟南府長清縣學增廣生軍籍治詩經行一戊戌年十二月二十八日生

鄉試第二十三名

曾祖清

祖鸞

父貫

前母張氏

母李氏繼母孟氏

永感下

弟遇春 時春 際春

娶楊氏

吳中傳

字汝和號巽菴東昌府朝城縣學生軍籍治書經行四己亥年十一月初一日生

鄉試第四十二名甲戌會試二百二十一名

廷試三甲六十九名授山西西安府推官庚辰陞戶部主事

曾祖元

祖龍

父來聘生員封行人

母張氏

慈侍下

兄性傳生員 道傳甲子經魁 教傳浙江按察司僉事 弟正傳 心傳 敬傳俱生員

娶牛氏贈安人 繼室郭氏封安人

丘雲章

字伯卿號肖林青州府諸城縣學附學生民籍治禮記行二

己酉年六月初九日生

鄉試第三名乙丑會試九十八名

廷試二甲三十八名授直隸深州知州丙寅卒

曾祖玘

祖讓 贈戶科右給事中

父梓 都察院右副都御史

母范氏 封孺人

具慶下

兄雲崠 雲嶼生員 弟雲峽 雲嶠 雲峴 雲嶟 雲嵯

娶王氏

于慎行 字可遠號穀山兗州府東阿縣學增廣生民籍治詩經行四乙巳年九月二十九日生

鄉試第六名戊辰會試二百八十七名

廷試二甲六十一名改庶吉士庚午授翰林院編修乙亥陞修撰丙子陞侍講癸未陞左春坊左諭德兼侍讀

曾祖忠

祖時 寿官

父玭 戊子舉人平涼府同知

母劉氏 加贈安人

永感下

兄慎勤 冠帶儒士 慎思 生員 慎言 壬子舉人 弟慎由 生員

娶秦氏 封安人 子緯

7688

徐維楫

字汝進號嗣齋錦衣衛籍山東濟南府武定州人治春秋己丑年四月二十九日生

順天鄉試第六十七名乙丑會試七十六名

廷試三甲六十名授山西臨汾縣知縣戊辰陞刑部主事壬申陞山西太原府知府丙子調直隸廣平府通判戊寅致仕

曾祖廣

祖政 贈工部郎中

父淮 戶部郎中

前母谷氏 贈宜人

母范氏 封宜人

兄良棟 錦衣衛總旗 維幹 舉人 維梅 生員 維霖

永感下

娶李氏 子承芳 承茂 承蔭 承華

陳廷芝

字季馨號懐山忠義後衛籍山東登州府黃縣人治詩經乙亥年二月初八日生

順天鄉試第一百三十五名壬辰會試三百名

廷試三甲一百六十九名癸亥授直隸涇縣知縣甲子調丹徒丁卯推南京湖廣道御史庚午陞河南汝寧府知府癸酉陞陝西副使

曾祖貴 主簿

祖宗

父雄 贈南京湖廣道監察御史

母孫氏 贈孺人

生母劉氏 贈孺人

永感下

兄廷蘭

娶歐氏 封孺人

同年齒錄後序

嘉靖辛酉山東同年錄成多士請序於余余進而告之曰多士知同之義乎夫同之名一而其趨則殊尚書曰同心同德此同之公者論語曰和而不同此同之私者故同人之卦于野則亨于宗則吝蓋心術以異而得失懸絶是以君子慎之也多士咸以英俊薦拔於鄉修辭闡道玉潤金聲其文章無弗同矣禮度雍容誦法孔子其志同矣無弗同矣抑大同有要可泛求乎多士齊魯產也周公嘗治於魯矣其為教曰直方大不習无不利太公嘗治於齊矣其為教曰敬

勝怠者吉義勝欲者從孔子審欲一變齊魯矣其盡教曰君子敬以直內義以方外嗚呼三聖之說不約而自同學者潛心焉可與語道矣道會於一心而彌於六合必也其心齋莊澄徹一私不容然後理無弗聚而事無弗宜上以事君則君臣一德乎乃化邦而況於朋友乎下以治民則聲教四訖時雍遐衛而況於一鄉乎若夫倚勢爲羣樹黨爲朋昔之謀訓之不習今之乎典章之不循聲音笑貌違道悅人而曰我能同也此則小人之私君子所深戒也多士聯異姓以爲親講世誼以爲好序之以齒志之以錄甚盛舉也

苟得吾說而存之使天下後世咸感而誦之曰得大同之道者無如山東辛酉之多士則余亦與有榮焉矣

賜進士中憲大夫奉

勅提督學山東等處提刑按察司副使前禮科給事中今

南京太常寺卿吳裕春袁洪愈序

7694

重刻同年齒録叙

我東土辛酉齒録曩并賢書梓矣越十載是為辛未歲翕数更人事互殊僉謀再叙屬余引焉余曰茲録也二先生敎言備矣我東土士登茲録者七十五人且十易歲締交者何以而相知者何稔也無論齒即履歷行藏可屈指數也寧須贅邪顧余有一言忠告可乎竊惟五方異域風氣焉殊焉雖造化弗能一也東土界河山之會岱盤海環渾樸未滑故所產多悃愊倜儻之士且鄒魯正傳炳烺今古景行者又曷已也衷考昔人論齊魯者或曰濶達多大節洋洋[illegible]

大國之風也或曰服儒者之禮行孔子之術
遺風大都若此矧士類者民之秀也海嶽之英也而
可遂浮靡忘寔德耶農不棄耕工不捐器士不畔道
養篤寔之德遡鄒魯之源固吾黨所當力勗者也騕
褭飛兔人稱其良者非毛骨之奇也以其絕塵而奔
一息千里也干將鏌鋣人以為寶者非以光彩燗爍
烱然奪目也以其利於割而弗折也士而寔能寔固
馬之良而劒之利也不然梯寵榮獵聲華竊言不中
其寔裨行無資於用亦駑駘耳鉛刀耳誰其屑之夫
鍾山之玉炊於爐火三歷日夜而色澤弗變其質寔

也士之固守其德亦猶玉之弗變於爐火也則幾矣

隆慶五年辛未春三月

賜進士第翰林院檢討徵仕郎

經筵官同修

國史新城沈淵謹書

萬曆二年甲申仲春月

巡撫宣府贊理軍務都察院右副都御史蕭大亨重

刻

後學沈曰玟抄

嘉靖四十一年進士登科錄

玉音

嘉靖四十一年三月初九日禮部尚書兼翰林院學士臣嚴訥等於

大朝門奏為科舉事會試天下舉人取中三百名

本年三月十五日

殿試合擬讀卷官及執事等官少師兼太子太師吏部尚書華盖殿大學士臣嚴嵩等六十員其進

士出身等第恭依
太祖高皇帝欽定資格第一甲例取三名第一名從
六品第二第三名正七品賜進士及第第二甲
從七品賜進士出身第三甲正八品賜同進士
出身奉
聖旨是欽此
讀卷官
特進光祿大夫柱國少師兼太子太師吏部尚書華蓋殿大學士嚴　嵩 乙丑進士
光祿大夫柱國少傅兼太子太師吏部尚書武英殿大學士徐　階 癸未進士
榮祿大夫太子太保戶部尚書兼武英殿大學士袁　煒 戊戌進士

光祿大夫柱國少保兼太子太保兵部尚書楊　博　己丑進士

資善大夫太子少保吏部尚書兼翰林院學士郭　朴　乙未進士

資善大夫戶部尚書高　燿　乙未進士

資善大夫刑部尚書蔡雲程　己丑進士

資政大夫工部尚書雷　禮　壬辰進士

資政大夫都察院左都御史潘　恩　癸未進士

嘉議大夫吏部左侍郎兼翰林院學士李春芳　丁未進士

嘉議大夫吏部左侍郎兼翰林院學士掌詹事府事董　份　辛丑進士

嘉議大夫通政使司通政使李登雲　乙未進士

嘉議大夫大理寺卿萬　寀　甲辰進士

奉直大夫翰林院侍讀學士掌院事裴 宇（辛丑進士）

提調官

資善大夫禮部尚書兼翰林院學士臣嚴 訥（辛丑進士）

嘉議大夫禮部左侍郎高 拱（辛丑進士）

嘉議大夫禮部右侍郎陳 陞（辛丑進士）

監試官

文林郎浙江道監察御史李 秋（丁未進士）

文林郎廣東道監察御史王紹元（辛卯貢士）

受卷官

奉訓大夫右春坊右諭德唐汝楫（庚戌進士）

翰林院侍讀胡正蒙丁未進士

吏科都給事中梁夢龍癸丑進士

户科都給事中何煃癸丑進士

彌封官

亞中大夫光祿寺卿徐陟丁未進士

大中大夫太僕寺卿王槐生員

中大夫鴻臚寺署掌寺事太僕寺卿靖洪儒士

奉政大夫尚寶司卿李鏌官生

奉議大夫尚寶司卿顧謙亨官生

翰林院修撰承務郎孫世芳丁未進士

翰林院編修承事郎林章 己未進士

禮科都給事中丘岳 丁未進士

承事郎兵科都給事中張益 庚戌進士

鴻臚寺右寺丞兼管翰林院典籍事顧從禮 監生

承德郎禮部儀制清吏司主事兼翰林院待詔君樂舜 甲午貢士

承德郎禮部祠祭清吏司主事兼翰林院待詔汪[illegible]凝 丙辰進士

大理寺右寺右評事兼翰林院侍書管典籍事羅龍文 監生

吏部司務黎民表 甲午貢士

掌卷官

翰林院編修文林郎王希烈 癸丑進士

翰林院編修承事郎陶大臨丙辰進士

翰林院檢討徵仕郎吳可行癸丑進士

承事郎刑科都給事中魏元吉癸丑進士

承事郎工科都給事中羅嘉賓癸丑進士

巡綽官

特進光祿大夫柱國少保兼太子太保掌錦衣衛事後軍都督府左都督朱希孝

昭勇將軍錦衣衛管衛事都指揮僉事李隆

昭勇將軍錦衣衛管衛事署都指揮僉事孫鈺

昭勇將軍錦衣衛管衛事指揮使許瑒

懷遠將軍錦衣衛管衛事指揮同知張鐸

昭勇將軍金吾前衛署都指揮使張國柱
昭勇將軍金吾後衛指揮使朱國昌

印卷官

奉議大夫禮部儀制清吏司郎中胡士彥 癸丑進士
承直郎禮部儀制清吏司署員外郎事主事勞堪 丙辰進士
承直郎禮部儀制清吏司主事吳紹 己未進士

供給官

奉政大夫光祿寺少卿劉秉仁 丁未進士
奉議大夫光祿寺少卿吳遵 丁未進士
承德郎光祿寺寺丞崔學履 庚戌進士

承德郎光祿寺寺丞郭立孝 庚戌進士

登仕佐郎禮部司務吳讓 丁酉貢士

承德郎禮部精膳清吏司署郎中事主事劉日材 癸丑進士

奉直大夫禮部精膳清吏司員外郎龐遠 癸丑進士

承直郎禮部精膳清吏司主事武金 癸丑進士

恩榮次第

嘉靖四十一年
三月十五日早諸貢士赴
内府
殿試
上御
大朝門
親賜策問
三月十八日早

文武百官朝服侍班是日錦衣衛設鹵簿于
丹墀內
上御
大朝門鴻臚寺官傳
制唱名
禮部官捧
黃榜鼓樂導引出
長安左門外張掛畢順天府官用傘蓋儀從送狀
元歸第
三月十九日

賜宴於禮部宴畢赴鴻臚寺習儀
三月二十一日
賜狀元朝服冠帶及進士寶鈔
三月二十二日狀元率諸進士上
表謝
恩
三月二十三日狀元率諸進士詣
先師孔子廟行釋菜禮
禮部奏請
命工部於國子監立石題名

第一甲三名

賜進士及第

徐時行 貫直隷蘇州府吳縣民籍長洲縣人 縣學生

治書經字汝默行一年二十六八月十六日生

曾祖周 祖乾 父士章 母王氏 繼母黃氏

重慶下 弟時德 時化 時傑 娶吳氏

應天府鄉試第三名 會試第二十八名

王錫爵 貫直隸蘇州府太倉州民籍 國子生

治春秋字元馭行一年二十九七月二十一日生

曾祖侁 祖湧 父夢祥監生 母吳氏

具慶下 弟鼎爵監生 娶朱氏

應天府鄉試第四名 會試第一名

余有丁 貫浙江寧波府鄞縣民籍 國子生

治易經字丙仲行二年三十六二月十八日生

曾祖鏜壽官 祖御壽官 父永麟通判 母王氏

永感下 兄有壬 娶水氏

順天府鄉試第五十四名 會試第六名

第二甲八十五名

賜進士出身

戚元佐　貫浙江嘉興府嘉興縣匠籍　國子生

治春秋字希仲行四年三十三七月十六日生

曾祖蕃　祖澤　父淵　母張氏

慈侍下　兄元宰　元輔進士　元弼　娶呂氏

浙江鄉試第二十二名　會試第二百六十五名

項鈳

貫浙江嘉興府嘉善縣民籍嘉興縣人 縣學生

治書經字秉容行一年三十四五月二十日生

曾祖衡 贈都察院左都御史 祖忠 太子太保兵部尚書諡襄毅 父繼 母盛氏

具慶下 兄鏞 指揮同知 鎧 序班 鏜 千戶 鎮 監生 錫 南京光祿寺卿 金 鏵 鋃 鋒 鑌 娶沈氏

浙江鄉試第八名 會試第八名

潘允端

貫直隸松江府上海縣民籍 國子生

治禮記字仲履行二年三十七四月十四日生

曾祖慶 贈都察院左都御史 祖奎 封按察司僉事贈都察院左都御史 父恩 都察院左都御史 前母包氏 贈夫人 母曹氏 封夫人

具慶下 兄允哲 官生 弟允穆 允脩 監生 允亮 儒士 允成 府學生 允澗 允徵 允達 監生 允肅 允重 允台 允宣 娶顧氏

順天府鄉試第五名 會試第二百十一名

佘立

貫廣西柳州衛官籍柳州府馬平縣人 府學增廣生

治詩經字季禮行五年二十六十一月二十四日生

曾祖幹 貢士 祖崇鳳 知州 父勉學 按察使 嫡母羅氏 封孺人 生母孫氏

慈侍下 兄齊 監生 亶 推官 玄 通判 方 娶劉氏

廣西鄉試第一名 會試第二百四十四名

張廷臣

貫廣東廣州府番禺縣民籍 國子生

治詩經字伯鄰行一年三十五十月初六日生

曾祖瓚 祖祐 父宰 南京刑部郎中 嫡母吳氏 生母冼氏

永感下 兄大本 弟廷士 娶林氏

廣東鄉試第十三名 會試第十七名

陳洙　貫福建福州府長樂縣民籍　縣學附學生
治詩經字伯訓行八年二十六八月二十四日生
曾祖則安（教授封戶部主事 贈按察司僉事）　祖時憲（按察司僉事）　父錠（府同知）　嫡母林氏　生母丘氏
慈侍下　兄濟　涇　弟滙　湞　娶潘氏
福建鄉試第二十三名　會試第九十五名

郭文和　貫金吾左衛匠籍山西太原府陽曲縣人　國子生
治易經字育臣行五年二十七正月十三日生
曾祖聰　祖智（封禮部員外郎）　父俊（通政司副使前禮部郎中）　母張氏（封宜）
慈侍下　兄文輔（州判官前監察御史）　文度　文弼　文壽　弟文愷　娶任氏　繼娶王氏
順天府鄉試第二名　會試第七十四名

朱潤身 貫應天府溢縣匠籍直隸揚州府泰興縣人 國子生
治詩經字德光行一年三十三八月二十日生
曾祖達　祖俯　父鐶　母賈氏
永感下　弟敬身　娶陳氏
應天府鄉試第一百三名　會試第一百二十四名

徐作 貫江西南昌府南昌縣民籍　縣學附學生
治詩經字汝念行三年二十三十一月二十日生
曾祖子明　祖仲文　父續良　前母蕭氏　母陳氏
具慶下　兄佩　僎　弟偉　娶陳氏　繼娶李氏
江西鄉試第二十九名　會試第二百一十六名

鄭惇典

貫福建福州府候官縣軍籍　府學附學生

治易經字君勑行五年三十七月三十日生

曾祖晅 封左長史　祖誾 左長史進階中憲大夫　父元善　母張氏

慈侍下　兄國興　娶陳氏　繼娶曾氏　薛氏

福建鄉試第六十六名　會試第八十六名

蔡一楠

貫福建漳州府漳浦縣軍籍　國子生

治詩經字廷用行二年三十一九月初四日生

曾祖坦 歲貢生　祖鉞　父瀚　母薛氏

重慶下　兄一椿　弟一梓　一梧　一橋　一檀　一桂　一梃　一槐　娶熊氏

福建鄉試第三十九名　會試第七十六名

李材

貫江西南昌府豐城縣軍籍 府學增廣生

治春秋字孟誠行六年三十四七月十七日生

曾祖璣鎬 祖萬禹 父遂 母賴氏封宜人 繼母吳氏封恭人

具慶下 兄欑 格 杭 標 栻 概 椽 娶姜氏 繼娶吳氏

江西鄉試第九名 會試第六十一名

楊俊民

貫山西平陽府蒲州民籍 國子生

治禮記字伯章行一年三十二十月三十日生

曾祖選 祖瞻 父博 母段氏封一品夫人

具慶下 弟俊士生 俊彥生 俊卿 俊臣 娶史氏

山西鄉試第四十名 會試第四名

傅霖　貫山西太原府忻州民籍　國子生
治易經字應期行一年三十一正月二十九日生
曾祖天錫教授　祖康監生　父朝宣儀賓　嫡母鄖青鄉君　生母殷氏
具慶下　弟震貢士　霈　霓　娶趙氏
山西鄉試第二十一名　會試第二百五十名

吳善　貫福建漳州府龍溪縣民籍　縣學生
治易經字元夫行三年三十一七月二十二日生
曾祖弛濃　祖瑞圻　父章禹　母徐氏
具慶下　兄神　依　娶康氏
福建鄉試第三十二名　會試第一百二十八名

萬廷言　貫江西南昌府南昌縣民籍　府學生

治詩經字曰忠行四年三十三十二月初九日生

曾祖必昌　祖廣載封知縣　父虞愷總督南京糧儲都察院右副都御史　母蕭氏封孺人

重慶下　弟廷萱　廷贇　廷贊　廷試　廷寅　廷安　廷宜　娶鄒氏

江西鄉試第二名　會試第二百三十五名

徐用檢　貫浙江金華府蘭谿縣民籍　縣學附學生

治易經字克賢行三十二年三十五十月十三日生

曾祖之　祖講　父禘　嫡母章氏　生母楊氏

慈侍下　兄用圭　用先工部郎中　弟用乾　用修　用襄　用威　用齊　用登　用辭　娶鄭氏

浙江鄉試第三十三名　會試第一百三十四名

王宜

貫福建興化府莆田縣民籍　縣學附學生

治詩經字時行行二年三十四月初二日生

曾祖元二　祖巨甫　父絹知縣　母吳氏

重慶下　兄佐　弟偉　俊　傑　寅　宦　寀　宇　娶陸氏

福建鄉試第五十五名　會試第二百四十七名

葉以蕃

貫浙江處州府遂昌縣民籍　國子生

治詩經字承叔行二十六年二十七十二月十六日生

曾祖昭　祖魁　父弘淵　母王氏

具慶下　兄以升　以芬　以芳　弟以蕤　以蓁　娶黃氏

順天府鄉試第五十二名　會試第十九名

徐元氣

貫直隸寧國府宣城縣儒籍　國子生

治易經字汝和行二年三十十月初七日生

曾祖愈 歲貢生　祖訪 典膳　父衢 縣主簿　母劉氏

具慶下　兄元任 元策 貢士　弟元期 元第 元祥 元選 元大 貢士 元祉 元貞 元禋 元禎 元禮 元祀　娶張氏

應天府鄉試第三十名　會試第三十一名

陳大章

貫浙江寧波府鄞縣民籍　縣學生

治詩經字祖堯行三十六年三十一五月十五日生

曾祖勲 府經歷　祖璇 義官　父瀟　前母董氏　母柴氏

具慶下　弟大韶　大夏　娶伍氏

浙江鄉試第十七名　會試第七十八名

闕繼禹 貫四川敘州府南溪縣民籍 國子生
治詩經字叔敬行一年三十四月初四日生
曾祖爵縣壽 祖守萬 父濟 母楊氏
具慶下 兄時泰 弟師禹 娶師氏
四川鄉試第六十四名 會試第二百六十名

鍾振 貫廣東廉州府合浦縣民籍 歲貢生
治詩經字玉甫行一年三十一正月初一日生
曾祖默 祖信 父文 母李氏
具慶下 弟揚 撰 揄 捷 娶劉氏
順天府鄉試第二十五名 會試第五十四名

董原道 貫四川重慶府巴縣民籍 府學生

治詩經字性之行一年三十五三月初八日生

曾祖文昱 縣丞 祖溥 學正 父誥 母母氏 繼母張氏

永感下 弟明道 娶梁氏 繼娶楊氏

四川鄉試第四十八名 會試第二十九名

沈玄華 貫浙江嘉興府秀水縣民籍嘉興縣人 縣學生

治書經字端伯行十一年二十四十月十三日生

曾祖玫 祖璧 贈知縣 父銓 典史 嫡母張氏 封孺人 生母李氏

慈侍下 兄茂元 光華監生 英華 茂錠 昆監生 茂才 茂謹 茂謨 茂穀 弟華 房秀華 茂宗 娶彭氏

浙江鄉試第五十五名 會試第一百十五名

史櫃 貫浙江紹興府會稽縣民籍 府學附學生
治詩經字子美行九年二十八十二月十二日生
曾祖吉 祖鈿 父淮 母潘氏
具慶下 兄柱中書舍人 朮監生 本 弟栻 梓 機 集 娶曹氏
浙江鄉試第二十七名 會試第一百七十名

林烴 貫福建福州府閩縣儒籍 國子生
治春秋字貞耀行二年二十三九月初六日生
曾祖元美知府累贈南京吏部尚書加贈太子太保 祖瀚南京兵部尚書贈太子太保諡文安 父庭機南京禮部右侍郎 母李氏累封淑人
具慶下 兄炫[illegible] 煬知府 燿[illegible] 燫翰林院修撰 [illegible]州同 [illegible]通 熀 弟[illegible] 烒 熙 娶陳氏
應天府鄉試第一百十五名 會試第一百九十五名

王廷輔 貫江西饒州府浮梁縣民籍 縣學生

治易經字良卿行二十四年三十六七月初六日生

曾祖汝徵 祖應忠 父文盛 母俟氏

永感下 弟廷相 娶李氏

江西鄉試第四十三名 會試第二百三十四名

劉經緯 貫江西南昌府進賢縣民籍南昌縣人縣學附學生

治詩經字道甫行九年二十九八月十四日生

曾祖允敬 祖宗正 父武恩例冠帶 母金氏

嚴侍下 兄經綸 經濟典膳 經邦 經世 弟經明 娶周氏

江西鄉試第九十二名 會試第二十六名

楊世華

貫浙江紹興府餘姚縣軍籍 國子生

治書經字樾成行十四年三十五四月二十日生

曾祖苓 七品散官 祖節 州判官 父大綱 贈刑部主事 母邵氏 贈安人

永感下 兄世芳 知府 世英 弟世美 世蕃 娶邵氏

浙江鄉試第七十四名 會試第一百六十九名

蘇愚

貫直隸揚州府泰州如皐縣民籍 縣學生

治禮記字君明行三年二十八九月二十二日生

曾祖玘 祖廩 父棐 縣主簿 母張氏

慈侍下 兄愚 志 監生 娶孫氏

應天府鄉試第五十名 會試第二百二十三名

許學遠 貫浙江湖州府德清縣民籍 縣學生

治書經字孟中行一年二十八十一月初二日生

曾祖宗明 祖輔 父松 母沈氏

重慶下 弟道遠 志遠 行遠 娶舒氏

浙江鄉試第四十五名 會試第三十六名

陳學曾 貫東勝右衛軍籍山西平陽府陽城縣人 順天府遵化縣學生

治易經字汝魯行六年二十九四月二十一日生

曾祖昂 壽官 祖明 訓導 父琮 知縣 母馮氏

慈侍下 兄學詩 學禮 歲貢生 學易 學書 學孔 弟學孟 娶李氏

順天府鄉試第五十三名 會試第一百八十二名

曾璠

貫湖廣承天衛官籍江西九江府彭澤縣人　國子生

治易經字宇玉行一年五十一二月初四日生

曾祖恭指揮同知　祖遜知縣　父輝　母王氏　繼母曾氏

嚴侍下　兄重千戶　禾　弟秉　岳　娶從氏

湖廣鄉試第三十五名　會試第一百三十名

曹子登

貫直隸興州後屯衛軍籍蘇州府長洲縣人　國子生

治易經字以漸行二年二十六十一月十九日生

曾祖鼎御醫　祖達太醫院吏目　父應龍封刑部主事　母黃氏封安人

具慶下　兄子朝知府　子良　子軒　子和　子邦　弟子皋　子學　子觀　子晉　子聘　娶張氏

順天府鄉試第二十九名　會試第一百二十一名

馮敏功

貫浙江嘉興府平湖縣民籍　縣學生

治春秋字元卿行一年三十七十月二十一日生

曾祖澄　祖俊知縣　父汝翊府同知前工科給事中　母屠氏封孺人　繼母徐氏

嚴侍下兄敏德敏文敏事敏學敏求　弟敏勛敏効敏道敏生　娶曹氏

浙江鄉試第三名　會試第三十四名

王同讚

貫福建泉州府晉江縣民籍　國子生

治禮記字徽甫行一年三十一十月十六日生

曾祖裒　祖綱　父叔中　母施氏

重慶下　弟同仁同議同化同論同任同儀　娶唐氏

福建鄉試第八十名　會試第一百六十四名

項思教

貫浙江台州府臨海縣民籍　縣學生

治詩經字敬敷行一年三十五七月十九日生

曾祖文達　祖匡南京太常寺博士　父廉　母戴氏

具慶下　兄思明　思聰　思敏　弟思政　思部　思牧　娶朱氏

浙江鄉試第二十七名　會試第四十八名

周浩

貫浙江杭州右衛軍籍　杭州府學生

治易經字養正行一年二十六五月二十三日生

曾祖進　祖洪　父奎　母吳氏

慈侍下　娶沈氏

浙江鄉試第三十三名　會試第二百七十六名

呂藿

貫湖廣永州府零陵縣民籍　國子生

治禮記字忱卿行六年三十三十二月二十八日生

曾祖鍾縣主簿　祖洪監生　父調陽　母鄧氏

具慶下　兄芥　芝　蕙　蘭　弟藻　華　娶楊氏

湖廣鄉試第五名　會試第三十名

成鍾音

貫順天府遵化縣民籍山東青州府益都縣人　縣學生

治詩經字本諧行三年三十十二月初九日生

曾祖海　祖善贈知縣　父英按察司副使　嫡母李氏贈孺人　繼母李氏封孺人　生母王氏

慈侍下　兄鍾奇　鍾彥　弟鍾意　鍾産　鍾竟　娶張氏

順天府鄉試第八名　會試第二名

陳有年

貫浙江紹興府餘姚縣民籍　國子生

治書經字登之行三十七年三十二三月初九日生

曾祖孟昂贈都察院右副都御史　祖巨理贈都察院右副都御史　父克宅都察院右副都御史　母唐氏封淑人

慈侍下　兄有勳監生　有濟　有孚監生　娶邵氏

順天府鄉試第二名　會試第八十一名

張允濟

貫順天府固安縣民籍　國子生

治書經字夢甫行六年二十七九月十九日生

曾祖璽　祖志州同知　父往運州吏目　嫡母李氏　繼母李氏　王氏　生母朱氏

慈侍下　兄允承　允升　允立　允諧　允熙　弟允繼　允修　娶金氏

順天府鄉試第五十六名　會試第二百三十六名

王錫命

貫浙江嘉興府秀水縣民籍直隸蘇州府吳江縣人 縣學生

治易經字天予行一年二十六正月十八日生

曾祖欽 祖玭 父鑾 母仲氏

具慶下 弟鯉 鱗 娶錢氏

浙江鄉試第五十七名 會試第七十一名

馬顧澤

貫直隸蘇州府長洲縣民籍吳縣人 國子生

治易經字晬卿行一年三十三十二月初五日生

曾祖昇 祖文毓 父寅 母顧氏 繼母易氏

具慶下 弟顧洲 娶朱氏

應天府鄉試第十五名 會試第二十三名

史訥

貫江西吉安府永新縣民籍　國子生

治易經字克敏行一年三十五九月初二日生

曾祖文莊　祖晉　父玢　母賀氏

具慶下　弟訓　講　娶王氏

江西鄉試第四十八名　會試第五十名

陳學伊

貫福建泉州府南安縣民籍　縣學生

治易經字爾聘行二年三十一十月十六日生

曾祖庸　祖祚　父端郎（醫學訓術）　母莊氏

慈侍下　兄學孔　學孟　學夔　艮言　弟學朱　學程　學皐　娶黃氏

福建鄉試第四十名　會試第九十八名

林喬相　貫福建泉州府晉江縣軍籍　府學附學生
治易經字廷翰行二年二十正月初十日生
曾祖毓　祖普勤　父澄　嫡母鄭氏　生母張氏
慈侍下　兄喬材　弟喬森　喬柱　聘張氏
福建鄉試第三十九名　會試第一百八十七名

蔡可賢　貫直隸廣平府成安縣民籍　國子生
治易經字子齊行二年二十七閏十二月十二日生
曾祖和　祖果　父紹先歲貢生　母劉氏
具慶下　兄可教府推官　弟可久　娶武氏
順天府鄉試第六名　會試第二百十九名

吳焯

貫廣西柳州府賓州民籍上林縣人　國子生

治禮記字純伯行一年三十七十月十七日生

曾祖道應　祖能　父邦柱教諭　母施氏

重慶下　弟焯　娶廖氏

廣西鄉試第五名　會試第一百二十五名

賈應元

貫順天府遵化縣軍籍山西平陽府臨汾縣人　縣學附學生

治易經字仁甫行一年二十七十一月二十五日生

曾祖鳳恩例冠帶　祖榮　父桐　母傅氏

具慶下　弟應文　應魁　應鴻　娶高氏

順天府鄉試第四十七名　會試第一百五十名

陳燁　貫山東青州府諸城縣軍籍　國子生

治詩經字光宇行一年二十八八月二十八日生

曾祖純　祖昂　父良相府知事　母劉氏　繼母常氏

永感下　弟熑　煥　煌　娶隆氏

山東鄉試第五十名　會試第一百五十八名

徐栢　貫福建建寧府浦城縣軍籍　國子生

治書經字守卿行三年三十三十二月初九日生

曾祖文茂　祖希勉　父顒壽官　嫡母黃氏　生母黃氏

永感下　兄森　梁　娶蘇氏

福建鄉試第二十九名　會試第三十九名

李汝

貫直隸河間府任丘縣官籍　縣學增廣生

治書經字宗齊行二年二十七十月初一日生

曾祖鵬　祖穆驛丞　父登　前母邊氏　母王氏

重慶下　兄泮貢士　弟渭　娶武氏

順天府鄉試第三名　會試第六十五名

徐學古

貫河南河南府洛陽縣民籍浙江杭州府仁和縣人　縣學生

治詩經字有獲行一年二十六六月二十五日生

曾祖信倉大使　祖宏壽官　父雨　母孫氏

具慶下　弟尚古　憲古　崇古　娶吳氏

河南鄉試第四十六名　會試第九十七名

洪忻　貫山西蒲州軍籍定遠衛人　國子生

治書經字守中慶行三年三十二月二十二日生

曾祖景文　祖璽　父九疇典膳　前母郭氏　母馮氏　繼母馮氏

慈侍下　兄卜聽選官　惟　弟憢　娶郭氏　繼娶樊氏

山西鄉試第八名　會試第二百二十五名

王續之　貫四川順慶府南充縣民籍　府學生

治易經字大卿行一年二十九四月二十日生

曾祖欽　祖希文封戶部主事　父廷南京戶部右侍郎　前母陳氏贈安人　母楊氏封安人

具慶下　兄衡　宏　宣　宸　弟緯之　紀之　綬之　繼之　禰之　顯之　娶雍氏

四川鄉試第三十一名　會試第八十三名

費堯年

貫江西廣信府鉛山縣民籍　縣學生

治書經字熙之行三年二十五正月十一日生

曾祖璠 贈光祿大夫柱國少保兼太子太保戶部尚書武英殿大學士　祖完 前工部郎中　父懋文 知縣　母張氏

具慶下　兄鶴年　龜年　弟長年　娶魏氏

江西鄉試第三十二名　會試第一百九名

郭棐

貫廣東廣州府南海縣軍籍番禺縣人　國子生

治詩經字篤周行一年三十四四月二十日生

曾祖瑜　祖正　父大治 知縣　母梁氏

重慶下　弟樂 貢士　粟　娶招氏　繼娶招氏

廣東鄉試第六十三名　會試第二十四名

葉士實　貫福建興化府莆田縣民籍　儒士

治書經字尚實行三年三十一九月十二日生

曾祖禮儀　祖忠　父珩　母林氏

永感下　兄士元　士積　士慶　士需　士奇　士全　士益　士鼎　弟士榮　士稽　士俊　士寶　士興　娶姚氏

福建鄉試第七十八名　會試第五名

丁應璧　貫山東青州府壽光縣民籍　國子生

治易經字德章行一年二十六十一月初七日生

曾祖　祖思恭　父材　母吳氏

重慶下　弟應賓　娶曲氏　繼娶韓氏

山東鄉試第二十一名　會試第四十一名

楊汝允

貫江西南昌府南昌縣民籍 府學生

治詩經字惟明行十三年二十六七月十五日生

曾祖子輔 祖偉慶壽官 父甫實壽官 嫡母伍氏 生母周氏

具慶下 兄汝賓 汝麗知州 汝東知縣 汝典 汝瑞光祿署正 汝璧 汝言州判官 汝監生 汝章 汝爵南京禮部主事 汝乾 汝弼 弟汝翼 娶徐氏

江西鄉試第六十六名 會試第八十七名

周禧

貫湖廣黃州府蘄州民籍 州學生

治書經字以吉行七年三十五月十一日生

曾祖鑑 祖瀌 父大霖監例冠帶 母袁氏 繼母梁氏

服侍下 兄祜 禋 祈知縣 祉 祚貢士 娶張氏

湖廣鄉試第五十五名 會試第四十三名

諸察　貫浙江紹興府餘姚縣軍籍　縣學附學生
治易經字平潛行十八年三十三十月十七日生
曾祖璇散官　祖文寶知縣　父仕　母于氏
具慶下　兄寅　完　弟蕙　宮　定　箱　宜　宴　娶張氏
浙江鄉試第四十一名　會試第一百二名

王俸　貫浙江嘉興府嘉善縣民籍秀水縣人　府學增廣生
治書經字廉甫行一年二十九四月三十日生
曾祖賢　祖瑜　父周　母徐氏
具慶下　兄化　儼　娶顧氏
浙江鄉試第八十一名　會試第二百二十一名

張大忠 貫浙江嘉興府秀水縣民籍平湖縣人 縣學生
治書經字國楨行一年二十七十二月十五日生
曾祖檑 祖爕 父載道監生 母沈氏
具慶下兄大稚監生 弟大孝大詮鳳翀鳳儀鳳鳴大倫大容大濟大厚大學其才 娶姚氏
浙江鄉試第八名 會試第十六名

游季勳 貫江西南昌府豐城縣軍籍 國子生
治詩經字懋甫行二年三十二九月初二日生
曾祖弼長史 祖濬知州 父本宗聽選 母甘氏
慈侍下兄孟炎慶炎仲炎叔炎弟景炎宗炎際炎 娶鄧氏
江西鄉試第二十一名 會試第五十八名

朱應時 貫羽林左衛軍籍浙江紹興府餘姚縣人國子生
治易經字子中行一年二十八正月三十日生
曾祖瑩 祖祥 父師曾 中書舍人 母陳氏
具慶下 兄應登 應期 應詔 應宿 弟應斗 應壽 應暘 娶梁氏
順天府鄉試第二十六名 會試第二百三十名

孫應元 貫湖廣承天衛官籍 承天府學生
治詩經字仁甫行一年三十二十二月十七日生
曾祖琳 贊 祖達 父經 前母何氏 母秦氏
具慶下 弟應亨 應時 娶王氏 繼聘張氏
湖廣鄉試第五十二名 會試第一百八十六名

楊枏 貫雲南大理府太和縣民籍 國子生
治書經字仲木行一年三十三月初五日生
曾祖勳 贈知府 祖珮 知府 父汝為 母陽氏
慈侍下 弟楫 娶尹氏
雲南鄉試第八名 會試第二百八十六名

張九歌 貫山東兗州府曹州軍籍 州學生
治詩經字仲宣行二年三十五十一月二十三日生
曾祖友賢 祖文舉 父天敘 贈典膳 母杜氏 繼母龔氏 喬氏
慈侍下 兄九德 貢士 弟九貢 娶楊氏
山東鄉試第四十一名 會試第二百六十六名

陳俊　貫廣東廣州府南海縣軍籍　縣學生
治詩經字彥吾行三年三十五七月二十七日生
曾祖禘保　祖清　父和　母姚氏
具慶下　弟恂　娶郭氏
廣東鄉試第三十五名　會試第二百五十五名

吳孔性　貫浙江處州府遂昌縣民籍　國子生
治詩經字粹卿行三年三十十月十九日生
曾祖挺　祖涑　父文轅　母鄭氏
具慶下　弟愷　悌　娶童氏
浙江鄉試第八十八名　會試第一百九十八名

梁綱 貫山西平陽府絳州稷山縣儒籍 國子生

治易經字立夫行二年三十六正月二十一日生

曾祖鑄 巡檢 祖溥 長史贈奉政大夫 父恪 南京兵科給事中 母郝氏 封孺人

慈侍下 兄紀 貢士 弟維 貢士 娶郝氏 繼娶張氏

山西鄉試第一名 會試第一百四十五名

孫坤 貫河南歸德府睢州民籍 州學生

治書經字順夫行五年三十一六月初四日生

曾祖銘 知縣 祖憲文 父守中 典膳 前母朱氏 母劉氏

永感下 兄塘 墱 坦 域 貢士 娶劉氏

河南鄉試第十四名 會試第一百六名

劉淳 貫河南陳州衛軍籍　陳州學生

治春秋字自裕行二年二十六九月十一日生

曾祖珊　祖尚儒　父維岳　母吳氏

具慶下　兄漸　弟涵　娶王氏

河南鄉試第六十四名　會試第二百七十九名

張希召 貫山東青州府高苑縣軍籍　國子生

治春秋字于祈行四年三十四九月二十一日生

曾祖士衆　祖盤　父琍　前母崔氏　母董氏

慈侍下　兄希尹　希稷　希龍　娶王氏

山東鄉試第七十名　會試第二百二十七名

陳賢 貫四川保寧府蒼溪縣民籍 縣學增廣生
治易經字子及行三年四十二九月二十九日生
曾祖泰 祖傑 父仲才 母羅氏
具慶下 兄文仁 弟質 娶黃氏
四川鄉試第二十九名 會試第二百七十四名

呂一靜 貫直隸池州府貴池縣民籍 國子生
治詩經字子正行二年三十五二月十一日生
曾祖清 祖璽 父貴昌 母陳氏
慈侍下 兄一動 弟一鳴 一安 一桂 一杊 一儒 娶傅氏
應天府鄉試第一百十四名 會試第一百五十五名

俞南金　貫浙江嘉興府平湖縣民籍　國子生

治書經字國良行一年四十四十一月二十四日生

曾祖宗　祖璁　父懷場大使　前母陳氏　母蔣氏

慈侍下　弟南陽　南雍　南都　娶宋氏　繼娶胡氏

浙江鄉試第二十八名　會試第一百五十四名

徐廷綬　貫浙江嚴州府淳安縣民籍　縣學生

治春秋字受之行五年三十七八月二十六日生

曾祖倫　祖環　父曄　母王氏

慈侍下　兄廷用　廷紳　娶周氏

浙江鄉試第十名　會試第六十九名

萬振孫　貫直隸廬州府合肥縣民籍江西南昌府南昌縣人府學生
治詩經字性孺行一年三十七月十八日生
曾祖鉞　祖永權　父瑞府通判　母羅氏
重慶下　兄庚孫　弟器孫　從孫　廷孫　述孫　娶梁氏
應天府鄉試第一百二十五名　會試第一百九十三名

隗邦衡　貫湖廣承天府潛江縣民籍　縣學生
治詩經字志伊行一年三十九二月十五日生
曾祖憲縣主簿　祖應奎訓導　父滋教諭　母何氏
具慶下　娶[illegible]氏
湖廣鄉試第三十七名　會試第二百十四名

項篤壽

貫浙江嘉興府嘉善縣民籍秀水縣人 府學生
治書經字子信行一年三十一五月十二日生
曾祖質 祖綱知縣 父銓鴻臚寺序班 嫡母陳氏 生母顏氏
具慶下 兄元淇上林苑監錄事 弟元汴監生 娶鄭氏 繼娶馬氏
浙江鄉試第六十七名 會試第五十五名

殷孟賢

貫江西九江府湖口縣民籍 縣學生
治書經字汝愚行六年三十五四月二十四日生
曾祖仲厚 祖珪 父鑾 前母曹氏 母梅氏
慈侍下 兄孟萱 孟富 孟莊州判官 弟汝芳監生 娶饒氏
江西鄉試第七十七名 會試第十四名

第三甲二百十一名

賜同進士出身

蔡叔達

貫河南衛輝守禦千戶所軍籍江西臨江府新淦縣人衛輝府學生

治易經字于漸行一年二十八正月初四日生

曾祖潤（壽官）

祖荊堅（贈監察御史）

父揚金（布政司參政）

母楊氏（封孺人）

具慶下

弟叔邁

叔遜

叔進

娶校氏

河南鄉試第二名

會試第二百八十三名

杜輅

貫山東兖州府泗水縣匠籍　縣學生

治詩經字從殷行二年二十五六月初五日生

曾祖盛 壽官　祖錫 縣丞　父學詩 府通判　母呂氏

重慶下　兄時　弟冕　娶孔氏

山東鄉試第八名　會試第四十名

王乾章

貫浙江金華府東陽縣民籍　縣學生

治春秋字順卿行一百五十年三十四九月初二日生

曾祖得志　祖坎 教諭　父寬 教諭　母蔡氏

慈侍下　兄顒 頎 樂章 惠章 孝章 廷章　弟奎章 建章　娶鄭氏 繼娶徐氏

浙江鄉試第三十六名　會試第九十二名

張崇倫 貫湖廣德安府應城縣軍籍 國子生

治易經字子常行二年四十一十二月十九日生

曾祖鎮 祖伯富 父允瓊 母陳氏

永感下 兄崇仕 娶陳氏

湖廣鄉試第二十七名 會試第二百四十一名

蒙詔 貫廣東廣州府番禺縣民籍 國子生

治詩經字廷綸行二年三十八十二月初七日生

曾祖仲愷 祖萃 父宗遂（典史） 前母陳氏劉氏 母李氏

慈侍下 兄謨（知縣） 娶麥氏

廣東鄉試第四名 會試第五十六名

張從律

貫直隸松江府華亭縣民籍　縣學附學生

治書經字懋和行一年三十三月二十三日生

曾祖鑑　祖元沆　父誼　母杜氏

具慶下　弟從徵　從衍　娶錢氏

應天府鄉試第四十九名　會試第一百六十一名

戴瀌

貫浙江處州府麗水縣軍籍　國子生

治易經字希茂行一年三十三三月初七日生

曾祖貞　祖選訓導　父鐣歲貢生　母楊氏　繼母單氏

具慶下　弟淌　汀　娶陳氏

浙江鄉試第三十九名　會試第九十四名

吉大同　貫直隸大名府開州匠籍　州學生

治書經字伯從行一年三十四十月初五日生

曾祖倫　祖陳東 贈監察御史　父澄 巡撫遼東都察院右僉都御史　母張氏 贈孺人　繼母李氏 封孺人

重慶下　弟大韶大夏大武大壯大觀大臨大寶大順大盈　娶王氏

順天府鄉試第一百一十八名　會試第一百四十九名

徐一忠　貫浙江寧波府慈谿縣民籍　縣學附學生

治詩經字宗顯行三年三十一六月十七日生

曾祖芹　祖槐　父敬　母孫氏

具慶下　兄一元　鳳鳴　一亨　一蘭　一化　娶傅氏

浙江鄉試第六十三名　會試第十五名

沈廷觀　貫直隸蘇州府吳江縣民籍　國子生
治春秋字賓卿行二年三十七月十二日生
曾祖瓛　祖鑾　父可學　母溫氏
具慶下　兄廷望　弟廷對　廷謨　娶莊氏　繼娶顧氏
應天府鄉試第一百八名　會試第一百三十二名

崔鏞　貫陝西綏德衛官籍直隸鳳陽府潁上縣人　榆林衛學生
治詩經字汝洪行二年三十三八月二十日生
曾祖岩千戶贈都指揮僉事　祖林千戶贈都指揮僉事　父經都指揮僉事　母柳氏贈淑人　繼母王氏封淑人
具慶下　兄鎮　弟鑰　鉊　娶蘇氏
陝西鄉試第三十名　會試第二十二名

李臺 貫浙江嚴州府壽昌縣民籍 國子生

治易經字君佐行二年三十五十二月初二日生

曾祖可正縣主簿 祖廷器縣丞 父鰲知縣 母項氏

具慶下 兄京 弟廣 序 娶徐氏

浙江鄉試第八十三名 會試第二十名

王楨 貫江西南昌府南昌縣民籍 府學附學生

治詩經字宗彥行五年三十三十月初十日生

曾祖正仁 祖建昌 父秉新 母傅氏

具慶下 兄相 弟梅 娶喻氏

江西鄉試第二十四名 會試第三十八名

卜相
貫浙江嘉興府嘉興縣民籍秀水縣人 國子生
治書經字夢良行一年三十三十月十八日生
曾祖元 祖良 父鎬歲貢生 母楊氏
具慶下 弟枌 梧 娶徐氏
浙江鄉試第五十三名 會試第七十五名

艾杞
貫陝西延安府綏德州米脂縣軍籍 國子生
治春秋字子徵行三年三十五正月初二日生
曾祖文吉贈都察院右副都御史 祖惠贈事加贈都察院右副都御史 父希清 母高氏
慈侍下 兄榛武舉副指揮 桐歲貢 杆生 弟梓都指揮僉事 樞 恩 四 駱 騄 駟 成 道 娶張氏
陝西鄉試第三十六名 會試第一百五十七名

王謨 貫河南潁川衛軍籍山東東平州人 國子生

治易經字體文行一年三十一十月十九日生

曾祖琳 祖冕 父邦盐壽官 母郭氏

具慶下 弟訓 誥 文炯序班 娶姜氏 繼娶劉氏

河南鄉試第二十八名 會試第一百四十八名

吳維京 貫浙江湖州府安吉州孝豐縣軍籍 州學生

治書經字[illegible]行十七年三十二十月二十九日生

曾祖[illegible]工官 祖松吏部[illegible]郎中 父[illegible]贈中憲大夫 前母[illegible]氏贈恭人 王氏 母方氏贈恭人

永感下 兄維[illegible] 維[illegible] 維[illegible] 維[illegible] 弟維城 維域 維[illegible] 維[illegible] 娶[illegible]氏

浙江鄉試第五十名 會試第三十三名

劉之蒙 貫順天府霸州民籍 國子生
治書經字淑正行一年三十十二月二十二日生
曾祖源 義官 祖璲 七品散官 父偉 縣簿 母任氏 繼母張氏
嚴侍下 弟起蒙 娶顧氏 繼娶孔氏
順天府鄉試第一百二十名 會試第二百九十八名

吳一琴 貫直隸廣平府成安縣民籍 縣學生
治詩經字子清行三年二十七四月二十四日生
曾祖森 祖澤 壽官 父琄 母劉氏
慈侍下 兄一麟 一桂 弟一誠 一鶴 娶劉氏 繼娶李氏 楊氏
順天府鄉試第一百二十三名 會試第二百十八名

范愛衆 貫東勝右衛軍籍山西平陽府臨汾縣人順天府遵化縣學生

治書經字開八行一年二十八九月十三日生

曾祖銘 祖聰 父恭 前母孫氏 母袁氏

具慶下 弟御衆 與衆 娶高氏

順天府鄉試第六十四名 會試第二百九名

孫以仁 貫山東登州衛旗籍直隸蘇州府崑山縣人 國子生

治詩經字學元行一年二十九三月二十九日生

曾祖浩能 祖隆教授 父讓 母蔡氏

永感下 弟以花 娶衛氏繼娶叢氏趙氏

山東鄉試第二十名 會試第二百六十九名

袁三接 貫廣東廣州府香山縣軍籍 番禺縣學附學生

治易經字邦表行二年三十四四月初一日生

曾祖奎 祖祖盛 父景昇 母黃氏

慈侍下 兄紹基 三德 弟三省 三畏 三錫 娶李氏

廣東鄉試第二十六名 會試第四十五名

陳烈 貫福建建寧府建安縣民籍 縣學生

治春秋字忠紹行一年三十五月十五日生

曾祖鈞訓導 祖湞 父楠歲貢生 母葉氏

具慶下 弟照廉為謙熹麃衡鯨薦鯉讜鵬麃鶴 娶童氏

福建鄉試第十四名 會試第二百十五名

王同道

貫湖廣黃州府黃岡縣軍籍　　縣學生

治易經字純甫行六年三十二正月初七日生

曾祖文凱封知縣　祖麟知縣贈戶部郎中　父廷槐貢生　嫡母胡氏　生母朱氏

永感下　兄同鶴貢士　同恩　同源　同升　弟同會　同軌　同倫　同辰　同慶　娶龔氏

湖廣鄉試第三十四名　會試第一百九十二名

李惟觀

貫四川瀘州民籍　　州學生

治書經字動可行三年三十三三月初一日生

曾祖朋　祖宗誠歲貢生　父鑾知縣　母劉氏

永感下　兄惟喬學正　惟端　惟肅　惟交　惟康　弟惟賢　惟熙　娶何氏

四川鄉試第三十四名　會試第一百十九名

嚴鎡

貫光祿寺廚役籍順天府豐潤縣人 國子生

治易經字應時行二年三十三十月十七日生

曾祖文 祖瑾 父雄 母周氏

慈侍下 兄鏸 弟鎮 銘 娶何氏 繼娶陸氏

順天府鄉試第一百二十四名 會試第二百九十一名

馬會

貫四川保寧府南部縣民籍 縣學生

治易經字元明行五年三十二十一月初三日生

曾祖自旺 祖庸 父孟舍縣丞 嫡母李氏 生母諶氏

慈侍下 兄時歲貢生 中元都司都事 曉 曙 曜 晉訓導 泉 皐貢士 弟昺貢士 娶孫氏

四川鄉試第四十四名 會試第一百六十七名

郭良 貫福建泉州府惠安縣民籍 縣學生

治詩經字復吾行一年三十七十月十九日生

曾祖矩 祖鑑 父琢 母莊氏

嚴侍下 弟伋 浩 遷 娶鄭氏

福建鄉試第二十四名 會試第九十三名

吳一本 貫湖廣沔陽衛軍籍 沔陽州學增廣生

治易經字仰竒行二年三十二六月十三日生

曾祖選 祖經 父憲教諭 母楊氏 繼母向氏

具慶下 兄一東 弟一真 一才 一士 娶楊氏

湖廣鄉試第七十名 會試第二百四名

陳邦顏 貫福建泉州府晉江縣民籍 府學生
治禮記字獻祉行一年三十十月十四日生
曾祖本善 祖瓛 父和 嫡母梁氏 生母卜氏
慈侍下 弟邦顯 娶趙氏
福建鄉試第四十九名 會試第七十九名

貫仁元 貫山西平陽府蒲州萬泉縣軍籍 縣學生
治易經字子善行一年三十五五月初五日生
曾祖勝 祖王 義官 父朝忠 母董氏
具慶下 弟仁亨 復元 娶王氏
山西鄉試第十五名 會試第九十名

黃文煒 貫江西建昌府南城縣民籍 府學增廣生

治易經字德華行三年二十二正月二十一日生

曾祖日新 祖愈清 父季融 母湯氏 繼母彭氏

重慶下 弟文燧 文燿 娶吳氏

江西鄉試第一名 會試第八十八名

劉世曾 貫四川重慶府巴縣民籍 縣學生

治易經字儆甫行一年三十二三月十六日生

曾祖相 封參議 祖鶴年 參政 父起元 母羅氏

具慶下 弟世臣 世賞 世傳 世卿 世選 世用 世德 世懋 世烋 世珍 娶黃氏

四川鄉試第三名 會試第八十名

蕭守身 貫河南懷慶衛官籍湖廣德安府雲夢縣人 國子生

治詩經字尚本行四年三十二九月初一日生

曾祖禮 祖銳義官 父鸞監生 母何氏

永感下 兄守勳都指揮 守壽貢士 守清監生 守學 守應 守覺 守悰 守璧 守金 守玢 守義 守紀 娶龔氏

河南鄉試第二十二名 會試第二百九十四名

秦崢 貫直隸大名府開州長垣縣匠籍 國子生

治易經字思謙行一年三十六十二月二十九日生

曾祖浩 祖忠 父佐 母朱氏

慈侍下 弟岍 娶顧氏

順天府鄉試第七十三名 會試第二百八十名

王宇 貫山西平陽府解州安邑縣民籍 河東運司學附學生
治詩經字子大行一年二十六十一月二十六日生
曾祖俊 祖文 父繼德 母張氏 繼母党氏
具慶下 弟寵 寍 寅 娶胡氏
山西鄉試第三名 會試第一百二十九名

胡嘉謨 貫陝西西安府涇陽縣民籍 國子生
治書經字子忠行四年三十二正月二十二日生
曾祖諫 祖銳 父朝用巡檢 母李氏
具慶下 兄嘉言 嘉慶 嘉猷 娶張氏
陝西鄉試第三十四名 會試第一百四十三名

蔣機 貫江西南昌府豐城縣民籍 縣學附學生

治詩經字若衡行十年三十二六月初三日生

曾祖集良 祖正馥 驛丞 父世滋 前母左氏 母李氏

具慶下 弟樾 栻 娶田氏

江西鄉試第八十三名 會試第二百四十二名

薛東海 貫山西太原府石州民籍 州學附學生

治易經字汝觀行一年三十四十一月二十七日生

曾祖章 義官 祖玹 典膳 父近朝 母温氏

具慶下 弟東周 東魯 東吳 娶馮氏

山西鄉試第四十六名 會試第十八名

李學道　貫浙江金華府東陽縣民籍　縣學生

治詩經字汝致行一年三十一九月初五日生

曾祖密　祖瓊　父思明　母盧氏

重慶下　弟學詩學易學書學策學仁文學元學紳　娶杜氏

浙江鄉試第二十六名　會試第一百十六名

辛應乾　貫山東青州府安丘縣民籍　國子生

治易經字伯符行二年三十二九月三十日生

曾祖增壽官　祖書訓導　父禮義官　母朱氏

永感下　兄子中　娶趙氏

山東鄉試第三十五名　會試第二百八十九名

彭富

貫雲南大理衛官籍直隸廬州府合肥縣人 國子生

治詩經字中禮行三年二十八七月初三日生

曾祖英百戶 祖海百戶 父舉百戶 母朱氏

具慶下 兄榮百戶 華 弟魁 冠 憲 娶蔣氏

雲南鄉試第二名 會試第二百五十一名

王嘉祥

貫山東東昌府莘縣軍籍 縣學生

治詩經字兆興行一年三十五十二月十六日生

曾祖琮知縣 祖緯 父聘 母任氏旌表貞節

慈侍下 娶虞氏

山東鄉試第六十九名 會試第一百五名

田戎法 貫湖廣黃州府蘄州民籍 國子生
治詩經字子憲行二年三十一十二月二十四日生
曾祖佑 祖鏡 父璽訓導 母呂氏
慈侍下 兄成賦 娶馮氏 繼娶余氏
湖廣鄉試第十六名 會試第六十名

薛德統 貫福建福州府福清縣竈籍 縣學生
治詩經字守正行五年三十八十一月初四日生
曾祖士旦刑部主事 祖世順 父尚飛經歷 前母郭氏 母石氏
永感下 兄德積 德忠訓導 德玉 德宦 德玫 德璩 德瑗 德佐刑科給事中 娶鄭氏
福建鄉試第三十三名 會試第一百十名

舒應龍 貫廣西桂林府全州民籍賓州人 州學增廣生

治禮記字時見行二年二十二十一月十二日生

曾祖綱 教諭 祖文奎 知縣 父烈 母袁氏

具慶下 兄應蘭 弟應元 應麟 應鳳 應憲 娶蔣氏

廣西鄉試第十三名 會試第十二名

劉早 貫山東萊州府膠州軍籍 國子生

治詩經字思舜行九年四十二九月十二日生

曾祖福 祖紀 父瑆 府司獄 母王氏

具慶下 娶欒氏

山東鄉試第四十六名 會試第一百四十四名

張鏄　貫陝西西安府乾州武功縣民籍　國子生
治詩經字伯始行九年四十六十一月十六日生
曾祖海　祖讓　父儒珍教授　母康氏
慈侍下兄膺中膺祥鑄膺祺膺福膺爵鎔鑰膺欽膺和鏗膺昌弟鍊鑑鉉鐸娶賈氏繼娶蘇氏
陝西鄉試第三十一名　會試第二百九十六名

鄒廷望　貫湖廣寶慶府新化縣軍籍　國子生
治易經字道吾行三年三十三四月十五日生
曾祖伏瓚　祖旻輝　父楚錫　母曾氏
具慶下　兄廷詔　廷誥　娶孫氏
湖廣鄉試第十五名　會試第二十七名

陳順正

貫浙江寧波府慈谿縣民籍　縣學附學生

治詩經字觀甫行二年二十八五月二十二日生

曾祖倫　祖鳳縣主簿贈兵部郎中　父茂義左參政　母桂氏封宜

重慶下　兄順素　弟順忠　順大　順明　順震　順善　順健　順慶　娶袁

浙江鄉試第三十一名　會試第二百三十三名

劉珮

貫山西太原府盂縣民籍　縣學生

治詩經字象德行四年三十七月十二日生

曾祖實　祖斌　父元　母溫氏

永感下　兄碧　璋　環　娶趙氏

山西鄉試第十四名　會試第二百二十六名

李鶚　貫直隸真定府靈壽縣民籍　國子生

治詩經字凌秋行一年三十九月二十八日生

曾祖元　祖敬　父琯　嫡母陳氏　生母聶氏

慈侍下　兄鶴　弟鳳鳴　鳳騰　鳳翔　鳳凰　鳳儀　娶彭氏

順天府鄉試第九十四名　會試第四十四名

楊成名　貫福建建寧府建安縣民籍　國子生

治易經字志完行一年三十三月二十三日生

曾祖旦吏部尚書　祖京太僕寺寺丞　父謙　母滕氏

慈侍下　娶倪氏　繼娶黃氏

福建鄉試第四十五名　會試第二百七十八名

趙應元

貫浙江杭州府仁和縣民籍直隸六安州學訓導

治易經字子占行一年三十二六月二十七日生

曾祖善　祖宣　父文遠　母王氏

永感下　兄奎麟鑾森　弟相鄉宰材　娶王氏

應天府鄉試第十名　會試第二百六十四名

劉翾

貫四川成都府內江縣民籍　縣學附學生

治春秋字惟翰行一年三十六十月二十八日生

曾祖時和　祖綵（教授贈布政司參議）　父望之（左布政使）　前母田氏（贈恭人）　母張氏（封恭人）

嚴侍下　兄三正（按察司僉事）涵（府通判）潭克讓　弟翲（貢士）䎘翊翿𦑊詡翧　娶蕭氏

四川鄉試第五名　會試第一百四十七名

李實 貫直隸徽州府婺源縣民籍 國子生

治書經字于暘行二年三十三六月二十日生

曾祖永昌 祖思川 父德全 母汪氏

永感下 兄用實 弟三實 孝實 儒實 應實 大實 尚實 朝實 娶程氏

應天府鄉試第三十六名 會試第一百五十一名

周詠 貫河南開封府延津縣民籍 縣學生

治書經字思養行四年三十四四月二十日生

曾祖鑑 壽官 祖暘 典膳 父宜 典膳 前母楊氏 母韓氏

慈侍下 兄讓監生訥 弟讜諗詵調詡護託試 娶李氏

河南鄉試第三十五名 會試第一百八十四名

王宗載 貫湖廣承天府京山縣軍籍 縣學增廣生
治詩經字時厚行三年二十七十月十三日生
曾祖希旦按察司僉事 祖大有都司都事 父宋 母聶氏
慈侍下 兄宗可 宗望 弟宗衡 娶劉氏繼娶鍾氏
湖廣鄉試第二十九名 會試第一百三十三名

陳三綱 貫浙江寧波府鄞縣民籍杭州府錢塘縣 縣學附學生
治禮記字振道行三年三十三月十四日生
曾祖嗣先 祖廷言 父琪 嫡母龔氏 生母程氏
慈侍下 兄經典史 二綬 弟四維 五緘 六紀 娶戴氏
浙江鄉試第五十七名 會試第二百七十三名

劉仕階 貫江西南昌府南昌縣民籍 府學生

治詩經字以學行一年四十十月二十三日生

曾祖傑友 祖伯暘 父廷山 母蕭氏

永感下 弟仕朱 仕隆 仕陞 仕剪 仕陟 仕諾 仕誥 娶蕭氏

江西鄉試第五十五名 會試第八十四名 國子生

王汝梅 貫直隸保定府安肅縣民籍

治書經字德和行一年三十二十月初八日生

曾祖輅 遞運所大使 祖天章 父廷珪 聽選官 母張氏

重慶下 弟汝樞 汝極 汝霖 娶張氏

順天府鄉試第四十四名 會試第一百七十六名

陳楠 貫浙江寧波府奉化縣民籍 縣學增廣生
治詩經字子材行三年三十一五月二十六日生
曾祖瑗 祖紓 父濂 母胡氏
慈侍下 兄梧 檟 娶戴氏
浙江鄉試第四十五名 會試第二百二十九名

楊文明 貫江西南昌府南昌縣民籍 縣學附學生
治詩經字仲謨行七年三十六月二十一日生
曾祖偉常 祖用中縣主簿 父汝瑞光祿寺署丞 母熊氏
重慶下 兄文焯 文麟監生 弟文豹 文鰲監生 文桂貢士 文美 文爕 文煌 文炅 娶劉氏
江西鄉試第六十名 會試第二百八十八名

劉泮　貫直隸揚州府江都縣民籍江西吉安府泰和縣人國子生
治易經字汝化行三年三十三十月十九日生
曾祖子端　祖仁　父文信　母王氏　繼母蕭氏
具慶下　兄漢　濱　弟溥　濯　娶宋氏
應天府鄉試第十四名　會試第一百三十七名

王嘉言　貫直隸常州府江陰縣民籍蘇州府常熟縣人國子生
治詩經字君謨行二年三十二六月二十五日生
曾祖室 散官　祖琥 散官　父魯 州同知　母孫氏
嚴侍下　兄錬　嘉謀　旒　弟嘉謨　重　策　娶龔氏　繼娶范氏
應天府鄉試第一百十名　會試第七十二名

王原相 貫廣東廣州府番禺縣民籍 縣學生
治詩經字召之行二年二十八九月初二日生
曾祖瑤 祖傅學壽府刑部主事 父漸逵刑部主事 嫡母何氏封安人 生母鄭氏
慈侍下 兄原格 弟原校 原析 原模 原朴 娶趙氏
廣東鄉試第三十四名 會試第一百九十八名

趙膺 貫直隸寧國府涇縣民籍 國子生
治詩經字若思行一年三十二月二十八日生
曾祖孟緣 祖渙府通判 父旃 母王氏
慈侍下 弟膺 庚 麃 虞 瑩 娶沈氏
應天府鄉試第六十五名 會試第三十五名

蔣致大　貫直隸常州府武進縣軍籍　縣學附學生

治詩經字汝爲行四年二十九六月十八日生

曾祖容 知州贈工部員外郎　祖盈 刑禮公人　父言文　母毛氏

具慶下　兄致遠　娶惲氏

應天府鄉試第一百二十二名會試第一百七十二名

錢貢　貫浙江嘉興府桐鄉縣民籍　國子生

治易經字時庸行二年三十七八月二十二日生

曾祖達 壽官　祖瑛　父泰　母沈氏

慈侍下　兄貫 監生　弟賚　娶唐氏

浙江鄉試第七十九名　會試第一百五十六名

戚于國 貫浙江嘉興府秀水縣民籍 國子生

治書經字忠甫行一年三十三五月二十八日生

曾祖孟璘 祖景昌 父煌 母顏氏 繼母吳氏

重慶下 弟于民 于道 娶楊氏繼娶林氏淺

浙江鄉試第八十二名 會試第二百二名

艾可久 貫直隸松江府上海縣軍籍 縣學附學生

治春秋字德徵行一年三十三三月十五日生

曾祖芹贈斷事 祖洪都司斷事 父元美 母杜氏

具慶下 弟可權 娶沈氏 繼娶楊氏

應天府鄉試第二十四名 會試第二百五名

林梓 貫浙江杭州府錢塘縣民籍 縣學附學生
治易經字汝材行一年三十二月二十六日生
曾祖秀壽官 祖巒 父奇 母張氏
永感下 兄楙監生思念監生慮榐弟思忠愚 娶李氏
浙江鄉試第三十六名 會試第二百十三名

王澤 貫燕山前衛軍籍山西平陽府臨汾縣人 順天府學附學生
治春秋字子仁行二年三十六九月初三日生
曾祖玉 祖縉 父鏞 母李氏
永感下 兄潤 娶蘇氏 繼娶劉氏
順天府鄉試第一百十一名 會試第一百一名

王以纁　貫順天府霸州文安縣民籍　縣學生

治詩經字伯聘行六年二十七三月初五日生

曾祖能縣主簿　祖詔縣主簿　父楫　母溫氏

具慶下兄績紹維緄紳縉績守訓綵織絡繕紀弟緘練綵組　娶段氏

順天府鄉試第三十六名　會試第二百九十名

蔚元康　貫河南宣武衛軍籍山西孝義縣人　祥符縣學附學生

治春秋字良甫行一年三十五十二月初八日生

曾祖仲祥　祖寬　父海　前母郭氏　母張氏

慈侍下　娶吳氏

河南鄉試第十七名　會試第一百七十四名

曹當勉 貫湖廣武昌府江夏縣民籍　府學生
治詩經字可賢行一年三十五六月二十一日生
曾祖鋐 通判　祖昂　父遷　母余氏
永感下　弟當省　娶王氏
湖廣鄉試第六十六名　會試第一百九十六名

王時舉 貫錦衣衛軍籍順天府通州人　國子生
治詩經字晉卿行一年二十九正月十七日生
曾祖瓚　祖紀　父儀　母李氏　繼母張氏李氏
具慶下　弟時用　時中　娶何氏　繼娶何氏董氏
順天府鄉試第一百四名　會試第四十六名

劉寅

貫直隸保定府博野縣民籍 國子生
治書經字宗夏行三年三十三十月初十日生
曾祖政 祖春 父文強 母馬氏
具慶下 兄孟 仲 弟卯 午 娶王氏
順天府鄉試第十六名 會試第二百四十三名

羅青霄

貫四川重慶府忠州人 國子生
治詩經字子虛行二年四十一十二月三十日生
曾祖鎔 祖朝綱 父㢮 壽官 母聶氏
永感下 兄鵬霄 衛經歷 娶張氏
四川鄉試第三十一名 會試第一百一十八名

任惟鏜 貫四川重慶府巴縣民籍 國子生

治易經字子揚行二年三十六四月十七日生

曾祖瑛 祖卿 父冕通判 母李氏

慈侍下 兄惟鈞按察司僉事 弟惟鑑惟鑰惟鉉 娶蹇氏

四川鄉試第二十八名 會試第二百七十二名

王納言 貫直隸常州府武進縣軍籍 國子生

治詩經字舜卿行一年三十九十二月十八日生

曾祖鎰壽官 祖澍 父棟縣主簿 母唐氏

具慶下 娶章氏

應天府鄉試第六十一名 會試第二百八十五名

李承緒 貫江西吉安府永新縣民籍 國子生

治易經字伯餘行十五年三十五九月初一日生

曾祖景諤 封禮部員外郎 祖瑞 父位 母朱氏

慈侍下 兄承勛 承進 承業 承易 承熏 承軒 弟承慶 承寵 承烈 承雍 承瀾 監生 娶龔氏

江西鄉試第十六名 會試第五十三名

盛時選 貫錦衣衛籍直隸蘇州府吳縣人 國子生

治易經字以仁行二年三十三八月二十日生

曾祖芳 恩例冠帶 祖玥 父鑾 教授 母毛氏

具慶下 兄時進 弟時聘 時通 時達 應霖 娶王氏 繼娶何氏

順天府鄉試第十九名 會試第二百六十七名

皮汝謙 貫雲南蒙化衛軍籍直隸廬州府英山縣人河南羅山縣學教諭
治春秋字子揚行四年三十五十二月十四日生
曾祖守忠 祖成 父清 前母陳氏 母周氏
慈侍下 兄弁 冕 汝懋 弟汝修 娶宗氏繼娶趙氏
雲南鄉試第三十三名 會試第二百五十二名

丁誠 貫山西平陽府安邑縣民籍 河東運司學生
治易經字子成行二年三十正月十二日生
曾祖安 祖彥方 父良弼 母趙氏
慈侍下 兄謌 壽官 詡 讃 弟謙 謹 詰 娶郭氏
山西鄉試第四十六名 會試第二百五十六名

祝尚義

貫騰驤左衛軍籍直隸淮安衛人 國子生
治詩經字質甫行一年三十三四月二十五日生
曾祖瓛 祖英訓導 父舜卿 母王氏
慈侍下 兄祿尚禮弟尚忠尚質尚文尚信尚符尚德 娶劉氏
順天府鄉試第一名 會試第二百八十二名

戕宗義

貫山西平陽府解州安邑縣民籍 縣學生
治詩經字孚集行一年三十二月初三日生
曾祖肇祀 祖順 父梅 前母賈氏 母賈氏
具慶下 弟宗禮 宗信 娶李氏
山西鄉試第十五名 會試第一百二十七名

郜永春 貫直隸大名府長垣縣民籍 縣學生

治易經字子元行二年三十正月二十一日生

曾祖果 祖信 父全 母邵氏

慈侍下 兄永年 娶苗氏

順天府鄉試第九十六名 會試第一百七十八名

蹇達 貫四川重慶衛官籍 重慶府學生

治書經字汝上行二年二十八月十七日生

曾祖洪 祖廷相（贈兵部主事） 父來譽（按察司僉事） 母王氏（封宜人）

具慶下 兄逵 弟遷 適 遒 娶許氏

四川鄉試第八名 會試第二百六十三名

段續

貫山西蒲州守禦千戶所軍籍臨汾縣人 州學附學生

治易經字弘憲行六年二十八四月十六日生

曾祖清 祖銘義官 父子素 母盧氏

慈侍下 兄紹繼統綱紳 弟綸繹紡絲 娶楊氏 繼娶張氏

山西鄉試第二十九名 會試第二百五十三名

劉田

貫河南南陽衛官籍 國子生

治易經字仲龍行一年四十四八月初三日生

曾祖翰指揮使 祖哲 父繼先 母高氏

慈侍下 娶楊氏

河南鄉試第四十一名 會試第一百十三名

侯恩古

貫浙江台州府臨海縣民籍　國子生

治詩經字士睿行一年四十三三月二十一日生

曾祖鐸　祖鰲訓導　父璧監生　母戴氏

慈侍下　弟尚古好古崇古恩古光古　娶沈氏繼娶劉氏

浙江鄉試第十四名　會試第一百四十二名

王篆

貫湖廣荆州府夷陵州民籍　國子生

治詩經字汝文行十五年三十一六月十五日生

曾祖傑府同知　祖璲夜長史進階通議大夫　父良策　嫡母張氏生母王氏

具慶下兄璐[illegible]弟玫[illegible]娶[illegible]氏

湖廣鄉試第八十四名　會試第五十二名

黃學海 貫廣寧左屯衛官籍直隸常州府無錫縣 衛學生

治春秋字宗于行三年二十八七月十七日生

曾祖萱　祖坤 贈監察御史　父正色 前監察御史　母蕭氏 封孺人　繼母薛氏

具慶下 兄學文 學道 學文 學樂 學詩 學易 學禮 學臣 學憲 學思 學古 學書 學顏 娶龔氏

順天府鄉試第三十三名　會試第一百十四名

郭夢得 貫福建泉州府同安縣鹽籍 縣學附學生

治詩經字甫卿行二年二十七十一月初十日生

曾祖尚正 壽官　祖世仰　父榜　前母葉氏　母吳氏

具慶下　兄仁春　娶劉氏

福建鄉試第八十三名　會試第九十一名

胡價 貫湖廣襄陽府宜城縣軍籍 國子生

治詩經字士重行五年三十一七月十三日生

曾祖敬 祖淇 義官 父振瑔 衛經歷 母毛氏

具慶下 兄偉 价 倬 娶龔氏

湖廣鄉試第十四名 會試第三十二名

史文龍 貫直隸常州府武進縣民籍 國子生

治詩經字應霖行一年二十九正月初十日生

曾祖瑜 祖綸 父尚誠 母蔣氏

慈侍下 弟文鳳 娶蔣氏

應天府鄉試第八十五名 會試第二百二十二名

莫天賦

貫廣東雷州府海康縣軍籍　國子生
治易經字子翼行二年三十五十二月十三日生
曾祖愈良　祖桑　父敎　母唐氏
嚴侍下　兄天希　天民　弟天然　娶陳氏繼娶陳氏
廣東鄉試第二十八名　會試第一百四十一名

喬應春

貫武驤左衛勇士籍河南彰德府安陽縣人　順天府學生
治詩經字仁卿行一年二十七八月十三日生
曾祖顯　祖琮　父文知州　前母徐氏　母沈氏
具慶下　弟應時　應節　應光　娶郭氏
順天府鄉試第五十一名　會試第一百八十一名

王學古

貫陜西西安府同州朝邑縣匠籍 國子生

治詩經字子獲行一年三十六四月初五日生

曾祖文美 祖夔 府知縣 父來召 母梁氏

重慶下 兄學詩 貢士 弟學易 學書 學禮 學閔 學開 學閔 學開 學洛 學淵 娶李氏

陜西鄉試第六十名 會試第六十八名

張璇

貫浙江寧國衛官籍寧波府象山縣人 縣學生

治易經字伯祥行一年二十八十一月初三日生

曾祖壽 百戶 祖瀞 百戶 父模 百戶 母王氏

具慶下 弟璘 娶湯氏

浙江鄉試第六十八名 會試第一百十一名

李復聘 貫陝西西安府盩厔縣民籍 縣學生

治書經字守珍行四年二十八正月初三日生

曾祖方 祖璣 父備 母楊氏 繼母田氏

永感下 兄深淵来聘潭 弟炳然煥然復初 娶劉氏

陝西鄉試第九名 會試第一百三十六名

李橼 貫江西南昌府豐城縣軍籍 國子生

治書經字孟栗行三年三十四二月十五日生

曾祖與鎬 祖萬平刑部郎中 父選監生 母鄧氏

永感下 兄楫惠監生 格擧人 杭悳監生 弟栻 材進士同科 楠監生 樞恩生 棨才 娶熊氏

應天府鄉試第五十三名 會試第一百八十九名

宗弘暹 貫浙江嘉興府嘉興縣民籍 國子生

治春秋字晉甫行二年三十十月十一日生

曾祖嶽 祖仁 布政司都事 父穆 歲貢生 母劉氏

重慶下 兄弘造 弘遠 弘述 弘選 弘廸 弟弘遷 弘遜 娶許氏

浙江鄉試第八十名 會試第十名

鮑尚伊 貫直隸徽州府歙縣民籍 縣學附學生

治詩經字子任行二年三十十一月初二日生

曾祖護 祖志仁 父汝賢 前母汪氏 母汪氏 繼母吳氏

具慶下 兄棠 弟尚周 娶梅氏

應天府鄉試第六十五名 會試第六十六名

華啓直 貫直隸常州府無錫縣民籍 縣學生

治易經字禮成行三年三十正月初七日生

曾祖楷 壽官 祖恩 贈戶部主事 父舜欽 解 母錢氏 封安人

具慶下 兄啓中 弟啓端 娶周氏

應天府鄉試第四十八名 會試第三名

陳應春 貫福建福州府長樂縣民籍 縣學附學生

治詩經字有暉行三年二十八二月二十六日生

曾祖德基 祖銓 父夢達 母卓氏 繼母劉氏

具慶下 兄應秋 弟應夏 應試 應兆 娶鄭氏

福建鄉試第六十五名 會試第一百二十名

唐上珎　貫陝西漢中府南鄭縣民籍　縣學生
治書經字待聘行一年三十五二月二十五日生
曾祖浩　祖孟華　父和　母陳氏
永感下　娶白氏　繼娶趙氏
陝西鄉試第二十七名　會試第八十九名　國子生

殷登瀛　貫直隸寧國府宣城縣匠籍
治詩經字子登行十年三十二三月二十日生
曾祖仲昇 壽官　祖崇德 義官　父銘 監生　母嵇氏
慈侍下　兄滄 滋　娶徐氏　繼娶袁氏
應天府鄉試第三十四名　會試第七名

任春元　貫浙江紹興府餘姚縣民籍　縣學附學生
治春秋字長卿行一年三十二正月二十五日生
曾祖澤　祖佐　父正　母潘氏
慈侍下　弟春和　娶黃氏
浙江鄉試第二十二名　會試第二十五名

鄭欽　貫直隸寧國府涇縣民籍　國子生
治書經字堯卿行一年二十九八月十七日生
曾祖禋　祖昌　父珏　母汪氏
具慶下　弟汝銳鑛銘鏴鉞鏌鎜　娶洪氏
應天府鄉試第一百七名　會試第一百四十名

吳從憲　貫福建泉州府晉江縣鹽籍　府學附學生
治易經字惟時行三年三十二三月初六日生
曾祖道　祖鑑　父希淵　母林氏
慈侍下　兄從寅　弟從憲　從寬　娶黃氏
福建鄉試第四十八名　會試第七十七名

朱朋求　貫浙江紹興府上虞縣軍籍　國子生
治禮記字道元行四年二十九九月二十二日生
曾祖顯贈衛經歷　祖蕙衛經歷贈工部郎中　父袞知府致仕亞中大夫　嫡母鄭氏封淑人　生母陳氏
具慶下　兄朋來太僕寺丞春溥　朋漢　朋艮　朋信醫官　弟朋來千戶　娶章氏　繼娶徐氏
浙江鄉試第十名　會試第一百三十九名

王夔

貫浙江紹興府山陰縣匠籍　縣學增廣生

治易經字大理行三十一年三十四十一月初一日生

曾祖鉞　祖瑾　父梗　母楊氏

具慶下　兄煒　熠　弟熲　娶許氏

浙江鄉試第四十二名　會試第一百九十名

張國謙

貫福建泉州府晉江縣民籍　縣學附學生

治易經字𪵑光行二年三十十十二月初七日生

曾祖茂成　祖纓　父仲賢　毋陳氏

具慶下　兄國愃　國乾　弟國盄　國㞧　娶王氏

福建鄉試第六十六名　會試第二百二十八名

周世選 貫直隸河間府景州故城縣民籍 國子生

治易經字文賢行一年三十一十一月初六日生

曾祖稼 祖璘 父良佐 母李氏 繼母夏氏

慈侍下 弟世懋 娶黃氏

順天府鄉試第五十七名 會試第二百九十三名

粟祁 貫山東東昌府高唐州夏津縣軍籍縣學附學生

治書經字子登行三年二十六五月十三日生

曾祖鑑 祖璋 父節 母蕭氏

慈侍下 兄郊 社 弟祉 祓 娶高氏

山東鄉試第三十名 會試第二百三十九名

龍光

貫湖廣長沙衛軍籍　長沙府學增廣生

治詩經字國華行一年三十四二月初一日生

曾祖霄　祖世聰　父添鑑　母易氏

慈侍下　弟見　娶湯氏

湖廣鄉試第七十七名　會試第二百四十九名

宋守約

貫山西潞安府長治縣民籍　府學生

治易經字崇要行三年三十三月初五日生

曾祖彪　祖大用　父文恭　母張氏

永感下　兄守宦散官　守曾　弟守孟　娶牛氏

山西鄉試第四十九名　會試第二百八十七名

劉時秋

貫彭城衛官籍順天府通州寶坻縣人　國子生

治易經字義甫行三年三十二六月十二日生

曾祖忠指揮僉事　祖鳳指揮僉事　父承宗指揮僉事　母王氏封恭人　繼母佘氏

具慶下　兄時春指揮僉事　時夏　娶倪氏

順天府鄉試第二十六名　會試第一百五十三名

孫光祐

貫山西平陽府絳州軍籍　州學生

治易經字仲篤行一年二十六七月二十八日生

曾祖英　祖鉞　父振宗監生　嫡母姚氏　生母李氏

具慶下　弟光祚　光禎　光祥　光祉　娶李氏

山西鄉試第二名　會試第二百七十名

周標

貫福建泉州府晉江縣軍籍　府學生

治書經字以升行二年二十八八月二十一日生

曾祖復知縣　祖德　父閏　母黃氏

具慶下　兄樏　娶李氏

福建鄉試第十二名　會試第二十一名

陳謨

貫湖廣黃州府麻城縣民籍　縣學生

治春秋字子嘉行一年二十八七月二十二日生

曾祖孟春　祖珂　父仲載　母柴氏

慈侍下　弟諫　娶胡氏

湖廣鄉試第五名　會試第二百九十二名

趙可鎔

貫四川瀘州民籍江西南昌府豐城縣人州學附學生

治書經字汝從行三年二十九十一月十八日生

曾祖以誠　祖琮知縣　父元忠　母龐氏　繼母王氏宋氏

具慶下　兄可鑑　可銓　娶喬氏　繼娶宋氏

四川鄉試第六十八名　會試第二百六十八名

周寀

貫江西吉安府安福縣民籍　府學附學生

治書經字濟甫行九年二十二二月十五日生

曾祖頎　祖奫壽官　父祺　母王氏

具慶下　兄進造邁宮逵逢商道弟詠徵羽　娶王氏

江西鄉試第二十名　會試第七十三名

丘承祖　成都府學生

貫四川成都左護衛軍籍

治易經字克紹行二年三十十一月初三日生

曾祖達常　祖嵩　父岳　母金氏

具慶下　兄承業　弟承嗣　娶王氏　繼娶王氏

四川鄉試第二十二名　會試第二百九十五名

張國彥

貫直隸廣平府邯鄲縣軍籍　國子生

治春秋字熙載行四年三十二十一月二十五日生

曾祖鸞　祖滕　父綳壽官　前母李氏　母鄭氏

具慶下　兄國岩散官　國臣　國士　娶蔚氏

順天府鄉試第六十二名　會試第四十九名

翟繡裳　貫山西平陽府解州聞喜縣軍籍　縣學生
治禮記字汝裳行一年二十九九月十六日生
曾祖岩　祖翀　父華　母馬氏　繼母張氏
嚴侍下　兄膠　娶李氏
山西鄉試第十一名　會試第二百一名

黃思近　貫福建泉州府南安縣民籍　縣學增廣生
治書經字與仁行三年二十九八月二十九日生
曾祖復祖　祖邦儀贈戶部主事　父瓚知府　母丘氏封安人
具慶下　兄思可　思通　弟思述監生　思讓　娶洪氏
福建鄉試第三十四名　會試第二百八十一名

陳文謨　貫浙江寧波府慈谿縣民籍　國子生
治詩經字顯卿行三年三十五正月十三日生
曾祖坊縣丞　祖鈺驛丞　父桂　母沈氏
永感下　兄文譽知府　鯨尚寶司卿　文言　茂義參政　文誼　弟文獻　茂禮貴州按察司副使　娶孫氏
浙江鄉試第十七名　會試第二百九十一名

鍾繼元　貫浙江嘉興府桐鄉縣民籍　國子生
治書經字仁卿行一年三十三十二月十五日生
曾祖鳴　祖雲縣丞　父德訓導　母趙氏　繼母施氏
慈侍下　弟繼亨　繼和　娶章氏
浙江鄉試第五十六名　會試第六十二名

程文著 貫直隸徽州府婺源縣民籍 縣學生

治易經字美中行三年三十四五月十九日生

曾祖嗣生 祖振琦 父廷集 母汪氏

永感下 兄文章 文淵 弟文震 文蘊 娶汪氏

應天府鄉試第四十名 會試第二百四十六名

陳希文 貫浙江杭州府錢塘縣匠籍 國子生

治易經字宗周行一年三十四十月二十九日生

曾祖景福 祖震 父堯卿 母馬氏

具慶下 弟希武 娶沙氏

浙江鄉試第八十七名 會試第五十九名

武尚賢 貫順天府永清縣民籍 國子生
治易經字君進行一年三十一十一月初八日生
曾祖清 祖敞 父伯 母何氏
永感下 弟尚登 尚科 尚學 娶苑氏
順天府鄉試第一百十七名 會試第二百十名

李可乂 貫山西澤州陽城縣軍籍 國子生
治易經字之德行一年三十一十一月初四日生
曾祖譽壽官 祖思忠贈知縣 父豸右布政使 母梁氏封孺人
具慶下 弟可大 可教 娶王氏
山西鄉試第十六名 會試第六十三名

蕭大亨

貫山東濟南府泰安州民籍浙江嘉興府嘉興縣人 州學生

治書經字夏卿行二年三十一三月初一日生

曾祖敘經 祖勝 父乾 母王氏

慈侍下 兄海 大元 娶劉氏

山東鄉試第六十六名 會試第二百六名

王叔杲

貫浙江溫州府永嘉縣竈籍 國子生

治禮記字陽德行一年三十六三月十七日生

曾祖判

祖正埒通政司紹右通政 父澈布政司左參議贈朝議大夫 母潘氏贈恭人 繼母張氏封宜人

慈侍下 兄叔懋鴻臚寺署丞 叔杲布政司右參議 弟叔本恩生 娶吳氏繼娶陳氏

浙江鄉試第二十五名 會試第二百二十五名

王承芳 貫陝西臨洮衛軍籍西安府醴泉縣人 國子生
治詩經字克濟行一年三十九十月初十日生
曾祖讓 祖洪 父義 母孫氏
慈侍下 弟惟賓 娶嚴氏
陝西鄉試第三十七名 會試第一百六十名

李苘 貫山東青州府壽光縣軍籍 縣學增廣生
治易經字子蓋行三年二十六正月十七日生
曾祖忠 祖紳 千戶 父校 縣主簿 母張氏
具慶下 兄芝 監生 芊 貢士 娶劉氏
山東鄉試第十三名 會試第二百三十八名

雷大壯 貫河南汝寧府上蔡縣民籍 國子生
治詩經字欽履行二年二十八十二月初二日生
曾祖玄 祖泰 陰陽學正術 父平 母田氏
重慶下 弟大有 大蓄 大謙 娶李氏
河南鄉試第二十九名 會試第二百二十七名

朱崇道 貫山東兗州府沂州費縣民籍 國子生
治詩經字惟正行九年三十八十一月二十九日生
曾祖文友 贈衛經歷 祖玘 衛經歷 父紳 知州 嫡母王氏 生母閻氏
慈侍下 兄崇儒 崇信 崇書 崇學 監生 崇禮 崇樂 歲貢生 崇文 監生 崇武 娶董氏
山東鄉試第四十六名 會試第二百二十名

吳鎮

貫騰驤左衛軍籍直隸蘇州府常熟縣人　順天府學附學生

治易經字子靜行二年二十四十月初七日生

曾祖啓　祖璽　父思誠　母王氏

具慶下　兄鐸　欽　鑭　弟鈐　娶王氏

順天府鄉試第一百十二名　會試第二百十七名

李學思

貫直隸保定府易州民籍　國子生

治書經字允道行三年三十五十月二十六日生

曾祖佑監生　祖穆　父冠教授　母黃氏

慈侍下　兄學顏　學曾　弟學孟　娶趙氏

順天府鄉試第五十九名　會試第二百四十八名

李崧 貫陝西秦州衛軍籍西安府咸寧縣人 秦州學生
治詩經字應嶽行一年三十三七月初五日生
曾祖華 祖杲 父侍祥 前母黃氏 母張氏
具慶下 兄孝 弟岩 岑 娶鄭氏
陝西鄉試第六十四名 會試第二百四十名

王之垣 貫山東濟南府新城縣民籍 縣學生
治詩經字爾式行二年三十四六月二十五日生
曾祖伍 祖麟 教授贈戶部主事 父重光 布政司參議 母劉氏 封安人
慈侍下 兄之翰 監生 弟之干 貢士 之城 之猷 之棟 娶于氏
山東鄉試第七名 會試第一百七十九名

楊子實

貫直隸河間府河間縣民籍　縣學附學生

治易經字中孚行一年三十七十一月二十五日生

曾祖健州判官　祖緯　父時利　母陳氏

具慶下　兄子成　弟子明　子通　娶李氏

順天府鄉試第一百十五名　會試第二百五十名

李貞元

貫湖廣德安府應山縣軍籍　縣學生

治詩經字淳甫行五年三十二十一月二十一日生

曾祖通　祖邦厚　父麟　母戴氏

具慶下　兄承元 粹元 肇元 秉元　弟時元 敏元　娶裴氏

湖廣鄉試第九十名　會試第二百九十六名

周希旦

貫直隸寧國府旌德縣民籍　縣學附學生

治詩經字汝覺行二年三十五月初四日生

曾祖伯諒　祖志德　父世懷　母汪氏

具慶下　弟希望　希召　希高　希榮　娶郭氏

應天府鄉試第百三十二名　會試第九十九名

郭諫臣

貫直隸蘇州府長洲縣軍籍　國子生

治易經字子忠行一年三十四八月二十四日生

曾祖澄　祖璇　父堂　母吳氏

具慶下　兄澤臣　弟輔臣　世臣　娶孫氏

順天府鄉試第四十二名　會試第三十七名

李繼嗣

貫湖廣黃州府蘄水縣軍籍　縣學附學生

治易經字明卿行二年三十一八月初十日生

曾祖宗本　祖大膳　父美　母何氏

慈侍下　兄邦嗣　弟龍嗣豸嗣祖嗣紳嗣　娶黃氏

湖廣鄉試第六名　會試第一百九十九名

滕伯輪

貫福建建寧府甌寧縣軍籍　縣學生

治易經字汝載行五年三十四十二月初五日生

曾祖鏞　祖澍州同知　父鶴齡通判　母陳氏

永感下　兄伯崇　娶楊氏

福建鄉試第五十九名　會試第二百六十二名

潘民模 貫湖廣襄陽府襄陽縣軍籍 國子生
治詩經字子倣行二年二十九四月十六日生
曾祖晟 祖文學 父洪教授 母許氏
具慶下 兄民極 弟民棟民格民楨 娶王氏繼娶施氏
湖廣鄉試第三十五名 會試第一百三十一名

單訥 貫直隸真定府冀州棗強縣軍籍 國子生
治易經字希仁行二年四十一八月十三日生
曾祖祥義官 祖輔 父通衡府奉祀 前母鄭氏 母吳氏
永感下 兄問貢士 娶谷氏 繼娶危氏
順天府鄉試第四十四名 會試第二百七名

陳于階

貫東勝右衛軍籍山西平陽府臨汾縣人 國子生

治詩經字允升行二年三十三十月初九日生

曾祖良 祖禮 父聰監生 前母孫氏 母郭氏

慈侍下 兄于廷 弟于陛王府典儀 娶屈氏

順天府鄉試第八十五名 會試第一百三十五名

廖際可

貫直隸盧龍衛官籍湖廣湘潭縣人 國子生

治書經字以禮行二年三十七十二月二十八日生

曾祖清 祖傑縣主簿 父自泰州吏目 母鄭氏

具慶下 兄行可監生 獻可貢士 嘗可陰陽官 近可 適可 簡在監生 簡能 娶朱氏

順天府鄉試第八十二名 會試第一百名

莊國禎 貫福建泉州府晉江縣軍籍 國子生

治易經字君祉行四年三十五月二十三日生

曾祖宜傳 祖安期訓導 父備 母楊氏 繼母陳氏

具慶下 兄俊[illegible]參議 用賓按察司僉事 堯刑部員外郎 弟國祚 國裕 國祚 國禧 娶王氏

福建鄉試第四十六名 會試第九名

陳憲 貫山東登州府萊陽縣軍籍 國子生

治禮記字希原行二年三十六正月初七日生

曾祖熊 祖琰 父大佐 母王氏

慈侍下 兄寵 弟寅 容聽選 娶劉氏

山東鄉試第二十八名 會試第二百八十四名

李與善

貫山東濟南府長清縣軍籍　國子生

治詩經字伯從行一年三十七八月二十四日生

曾祖綱總督漕運都察院左僉都御史　祖慣按察司照磨　父孝先　母趙氏

永感下　弟與文　與權　與言　與學　與藝　與友　與賢　娶楊氏　繼娶張氏

山東鄉試第三十名　會試第二百名

謝表

貫浙江杭州府錢塘縣民籍　國子生

治易經字子陳行一年三十一五月初二日生

曾祖麟　祖時雍　父應葵　母何氏

慈侍下　弟師　賜　教　娶王氏

浙江鄉試第二十六名　會試第一百七名

王廷簡　貫四川邛州民籍　州學生

治詩經字汝迪行一　年三十二　五月初十日生

曾祖大端　祖禮冠(壽官)　父聰(監生)　嫡母李氏　繼母劉氏　彭氏　生母李氏

慈侍下　弟廷符　廷節　廷籌　娶徐氏　繼娶姚氏　余氏

四川鄉試第四十九名　會試第二百十二名

陳大壯　貫直隸揚州府通州民籍　州學生

治詩經字思立行二　年二十八　二月二十九日生

曾祖純德　祖尚忠(贈工部主事)　父冠(七品散官)　母王氏

重慶下　兄大震　弟大科(貢士)　大益　大乾　大熙　大升　娶成氏

應天府鄉試第六十九名　會試第二百八名

李勳 貫旗手衛軍籍山東德州衛人 國子生
治詩經字世臣行一年三十三八月初四日生
曾祖貴 祖龍 父鸞 母郜氏
慈侍下 兄安百戶 弟默 娶張氏繼娶袁氏郟氏
順天府鄉試第八十一名 會試第一百八十三名

張應福 貫直隸大名府魏縣民籍山西潞安府襄垣縣人 縣學生
治春秋字子承行一年三十五十二月二十三日生
曾祖奉 祖武 父惟高壽官 母常氏
具慶下 弟應祿 應禎 應祚 娶崔氏 繼娶趙氏
順天府鄉試第十名 會試第二百九十九名

鍾崇文 貫江西南昌府南昌縣民籍 府學生
治詩經字仲謨行二年三十五正月二十一日生
曾祖叔顯 祖寬 父任 母田氏
永感下 弟崇武刑部主事 娶萬氏
江西鄉試第三十一名 會試第八十二名

饒仁侃 貫湖廣武昌府崇陽縣軍籍 縣學增廣生
治禮記字近剛行七年三十八九月初十日生
曾祖應奎詩 祖孟釗 父蒼 母孫氏
永感下 兄仁備〻佳〻俸〻价〻仕〻倌弟仁佾 娶徐氏
湖廣鄉試第三十二名 會試第一百八名

楊愈茂 貫陝西慶陽府安化縣民籍西安府三原縣人 國子生

治詩經字仲榮行三年三十十月二十三日生

曾祖敖 祖庬 父仲臣聽選官 前母折氏 母何氏

慈侍下 兄愈高典史 愈喬 弟愈暢 愈盛 娶何氏

陝西鄉試第六十名 會試第二百三名

鍾穀 貫浙江紹興府上虞縣匠籍 縣學附學生

治易經字心卿行三年二十六六月十五日生

曾祖韶 祖珎 父祥 前母沈氏 母張氏

具慶下 兄德華 德俊聽選官 德周 德良 德成 弟德威 德愛 娶顧氏

浙江鄉試第九十名 會試第一百四名

國子生

牛應龍　貫順天府固安縣民籍
治詩經字時見行一年三十九九月初一日生
曾祖欎　祖復陰陽訓術　父孔昌縣丞　母鄭氏繼母趙氏陳氏
永感下　弟友龍監生　應蛟　育龍監生　騰蛟武生　舉龍　瑞龍　娶蘇氏繼娶陳氏
順天府鄉試第六十二名　會試第一百七十五名

陳廷芝　貫忠義後衛軍籍東登州府黃縣人　順天府學附學生
治詩經字季馨行二年二十八二月初八日生
曾祖青芳縣丞　祖宗　父雄　嫡母孫氏　生母劉氏
慈侍下　兄廷蘭　娶歐氏
順天府鄉試第五百三十五名　會試第三百四名

張崦
貫直隷大名府開州民籍　國子生
治書經字子静行三年三十五三月初十日生
曾祖魯　祖傑　父元善　母孫氏　繼母章氏
嚴侍下　兄岐　嶓　弟崙　峒　娶陳氏
順天府鄉試第四十一名　會試第二百六十一名

朱泰
貫浙江寧波府鄞縣民籍　國子生
治易經字良甫行十七年三十八正月二十六日生
曾祖詵　祖旭　父銳　母范氏
永感下　娶范氏
浙江鄉試第八十九名　會試第一百六十三名

丘騰　貫湖廣承天府沔陽州軍籍　州學生

治書經字子雲行二年二十六四月二十九日生

曾祖思賢　祖容　父福　前母湯氏　母楊氏

慈侍下　兄鵬　勝　娶劉氏

湖廣鄉試第三十七名　會試第一百九十四名

譚啓　貫四川夔州府大寧縣民籍　縣學生

治易經字繼之行二年三十五七月初五日生

曾祖春衛經歷　祖珩　父廷傑　母李氏

永感下　兄光　弟介　娶鄭氏

四川鄉試第四十五名　會試第一百七十三名

周思充 貫浙江紹興府餘姚縣民籍 縣學生

治書經字道可行十一年二十九八月十五日生

曾祖澐 祖昱京畿道監察御史 父如斗巡撫應天都察院右僉都御史 母毛氏贈孺人 繼母張氏封孺人

具慶下 兄思齊貢士 弟思孝監生 思彰監生 思顏 思曜 思亭 娶夏氏

浙江鄉試第五名 會試第一百六十六名

劉繼文 貫直隸鳳陽府宿州靈璧縣民籍 國子生

治易經字永謨行一年三十二五月二十三日生

曾祖通遞運所大使 祖鎔 父貞 母黃氏

慈侍下 娶王氏 繼娶王氏

應天府鄉試第一百二名 會試第一百二十三名

7846

張守中　貫直隸揚州府高郵州民籍　國子生
治書經字叔原行五年三十六二月十一日生
曾祖俊　祖昇　父縱知州　母王氏　繼母吳氏
慈侍下兄銓鈞瞻監察御史弟守謙守正守伋守泰同娶孫氏繼娶王氏
應天府鄉試第九十七名　會試第一百二十六名

鄧宗孔　貫廣西太平府崇善縣民籍　府學生
治書經字惟時行一年三十五十月初四日生
曾祖褒　祖政　父召高監生　母歐氏　繼母方氏
慈侍下　娶岑氏
廣西鄉試第十六名　會試第二百七十五名

齊康

貫直隸廣平府永年縣民籍 國子生

治詩經字太和行一年三十七六月二十八日生

曾祖鑑 祖復勝 父祥 母陳氏

具慶下 弟唐 賡 娶張氏 繼娶李氏

順天府鄉試第二十八名 會試第七十名

張應治

貫浙江嘉興府秀水縣民籍嘉興縣人 府學生

治書經字體徵行二年二十九四月初十日生

曾祖正 祖世華壽官 父用 母王氏

具慶下 兄應潮 弟應源應滋應濂應滂 娶錢氏

浙江鄉試第二十四名 會試第八十五名

凌琯

貫直隸徽州府歙縣民籍　國子生

治詩經字惟和行一年四十閏四月初八日生

曾祖祐　祖社孫　父相　母蔣氏

嚴侍下　弟煥　瓏　焙　烱　烺　娶章氏　繼娶洪氏

應天府鄉試第十六名　會試第一百三十八名

趙岩

貫浙江嘉興府崇德縣民籍直隸蘇州府長洲縣縣學增廣生

治詩經字維石行一年三十三七月初五日生

曾祖海　祖盛　父聰　母沈氏

嚴侍下　弟崶　崗　崙　娶潘氏

浙江鄉試第六十五名　會試第一百六十八名

張問明　貫山西平陽府猗氏縣鹽籍　縣學生
治書經字子明行二年三十八月初二日生
曾祖能　祖儒縣主簿　父嘉會　母衛氏
具慶下　兄問行　弟問吉 問政 問道 問達　娶何氏 繼娶鄭氏
山西鄉試第二十六名　會試第二百十七名

仇旲　貫山西潞安府長治縣民籍　國子生
治禮記字文絅行七年四十二十一月十七日生
曾祖鏞七品散官　祖鴻　父桓監生　母李氏
永感下　兄勳旌表孝子 煥 熙 炳 烺 煌 [illegible]　娶李氏
山西鄉試第五名　會試第一百八十五名

王嘉賓 貫山東兗州府滕縣軍籍 國子生

治詩經字國光行一年三十五月二十五日生

曾祖峻 祖美 父天敘 母程氏

具慶下 弟元賓 利賓 娶張氏

山東鄉試第二十八名 會試第一百六十五名

王問臣 貫直隸蘇州府長洲縣民籍 國子生

治禮記字正叔行四年三十八正月二十六日生

曾祖擇 祖怡 父明 母陳氏

具慶下 兄問仁 問儒 問冲 娶韓氏 繼娶吳氏

應天府鄉試第三十五名 會試第六十四名

馬文煒 貫山東青州府安丘縣民籍 縣學生

治易經字仲韜行二年二十八九月三十日生

曾祖鄰 祖驥 父惠 母門氏

永感下 娶郭氏

山東鄉試第二十八名 會試第一百七十一名

唐鍊 貫湖廣常德衛官籍 常德府學生

治春秋字純之行四年三十五十二月二十四日生

曾祖叔謙 祖璽 父彔 母王氏

具慶下 弟鑄 鑽 娶胡氏

湖廣鄉試第八十一名 會試第一百二十二名

許天琦 貫福建泉州府晉江縣民籍 府學生

治易經字大正行三年三十三十一月初四日生

曾祖旻壽官 祖斌 父元阜 母丘氏

嚴侍下 兄天祥 宗承貢士 弟天琅 宗綸 娶陳氏

福建鄉試第四十八名 會試第一百九十七名

徐尚 貫四川重慶府涪州軍籍 州學生

治易經字志伯行一年二十八二月二十六日生

曾祖得中 祖曰祖 父行 母周氏

具慶下 弟來 翔 娶曾氏

四川鄉試第三十八名 會試第二百五十九名

馬明謨 貫直隸廣平府廣平縣民籍 縣學生

治書經字君猷行二年二十八九月十七日生

曾祖雲 祖進 父人慈學正 母潘氏

慈侍下 兄明典 弟明命 娶張氏繼娶劉氏

順天府鄉試第一百十名 會試第二百七十一名

郭崇嗣 貫直隸廣平府肥鄉縣民籍 國子生

治詩經字承芳行一年三十二月十二日生

曾祖忠知府贈中憲大夫 祖郛監察御史 父東 母王氏

慈侍下 兄崇登醫官 弟崇敎 娶白氏

順天府鄉試第十六名 會試第二百七十七名

李松

貫順天府霸州大城縣民籍　縣學增廣生

治書經字子節行一年三十八十一月初一日生

曾祖海　祖祥　父淮縣主簿　母繆氏繼母王氏

慈侍下　娶裴氏

順天府鄉試第一百十名　會試第二百三十一名

倫文

貫廣東廣州府順德縣民籍　國子生

治易經字紹周行一年四十正月二十六日生

曾祖季琳　祖治　父克昇　母黃氏

慈侍下　弟奮　僉　娶歐氏

廣東鄉試第一名　會試第六十七名

馬近奎

貫直隸池州府貴池縣民籍　縣學增廣生

治詩經字文徵行一年三十五五月初一日生

曾祖璋　祖倫　父泗　母姜氏　繼母陳氏

慈侍下　弟近麟　近喬　娶何氏

應天府鄉試第一百八名　會試第四十二名

高則益

貫江西南昌府南昌縣民籍　縣學附學生

治禮記字汝謙行三年二十五六月初二日生

曾祖文簡　祖繼耀推官　父啓新知縣　母陳氏

具慶下　兄則允　則巽貢士　弟則順　娶張氏

江西鄉試第五名　會試第二百五十七名

孫振宗　貫福建泉州府晉江縣民籍　國子生

治易經字德聲行一年三十八七月初二日生

曾祖崇高　祖福　父榮　母楊氏

嚴侍下　兄敬謙厚　弟揚宗巡檢振宗揚宗挺宗　娶楊氏

福建鄉試第七十二名　會試第二百二十四名

徐養大　貫河南睢陽衛官籍　睢州學生

治禮記字子立行二年三十十二月初七日生

曾祖榮　祖通　父翰學正　母吳氏

具慶下　兄養相經歷養韓　弟養廉養蒙養吾養福　娶郭氏繼娶楊氏

河南鄉試第十七名　會試第二百三十二名

趙體敬

貫山西太原府太谷縣軍籍　國子生

治詩經字克禮行一年三十二十二月二十三日生

曾祖鑾　祖仲方　父清　母陸氏

永感下　弟體恭　體恕　娶吳氏

山西鄉試第五十二名　會試第二百七十七名

彭範

貫四川成都府漢州民籍　國子生

治詩經字士洪行三年三十二七月十七日生

曾祖伏明　祖循　父仲甲　母楊氏

永感下　兄軫　弟轍　娶何氏

四川鄉試第二十四名　會試第一百四十六名

吳自峒 貫直隸安慶府桐城縣民籍 縣學附學生

治書經字伯高行五年二十七四月二十四日生

曾祖志善 祖佐 贈兵部郎中 父㪯 左參政 母陸氏 封宜人

慈侍下 兄自岳自峴自恒自龍自南 弟自新 娶方氏

應天府鄉試第一百七名 會試第二百五十四名

傅文濂 貫浙江寧波府鄞縣民籍 國子生

治易經字宗理行二十四年三十六九月十八日生

曾祖裕 祖珎 七品散官 父襄 州判官 母張氏

永感下 兄文溥 縣學生 弟文沛文泰文沾 娶丘氏

應天府鄉試第七十五名 會試第四十七名

任汝亮 貫山西平陽府蒲州猗氏縣軍籍 國子生
治詩經字伯寅行一年三十二二月二十日生
曾祖儀 祖宏 父澗府通判 母王氏
具慶下 兄汝濂 弟汝𡒄 汝王 汝虞 娶景氏 繼娶景氏
山西鄉試第三名 會試第一百十八名

鄭履淳 貫浙江嘉興府秀水縣民籍海鹽縣人 國子生
治書經字叔初行一年二十七三月二十二日生
曾祖廷市舶副提舉贈資政大夫刑部尚書 祖儒泰前項封兵部主事贈資政大夫刑部尚書 父曉刑部尚書 嫡母劉氏 繼母劉氏俱封夫人 生母提氏
具慶下 兄激 法 淙 洙 滴 潦 弟履準監生 淡 履洵 娶朱氏
順天府鄉試第一百二十八名 會試第五十一名

李師孔　貫直隸大名府開州民籍　州學附學生
治易經字子肖行一年三十八五月十九日生
曾祖讓　祖表　父珏　母趙氏
嚴侍下　娶張氏
順天府鄉試第七十二名　會試第二百六十四名

穆文熙　貫直隸大名府東明縣軍籍　縣學生
治詩經字敬甫行一年三十正月十一日生
曾祖山　祖錦　父陳實　母陶氏
具慶下　弟楠　娶張氏
順天府鄉試第八十四名　會試第一百六十二名

周以敬　貫江西廣信府上饒縣民籍　國子生
治書經字用涵行十五年三十六十月十五日生
曾祖俊章　祖吉　父栗　母張氏
永感下　兄以誠　娶談氏繼娶毛氏
江西鄉試第四十五名　會試第五十七名

陳文燧　貫江西撫州府臨川縣民籍　縣學增廣生
治詩經字汝相行九年二十八六月二十一日生
曾祖旭初　祖稷　父性　母劉氏
具慶下　兄熾　弟文煌文煥文煜文炤　娶師氏
江西鄉試第二名　會試第十一名

魏汝翼　貫陝西西安府涇陽縣軍籍　國子生
治詩經字子行行六年三十九四月十九日生
曾祖祥　祖瓚知縣　父弘仁知縣　母郭氏
永感下　兄汝輔　汝弼　汝相　汝承　汝衡　汝臣　汝梓　汝舟　汝梅　汝楠　汝桂　汝[illegible]　娶田氏
陝西鄉試第五十一名　會試第二百五十八名

王輦　貫山東濟南府武定州陽信縣民籍直隸鳳陽府定遠縣人　國子生
治禮記字子侍行一年三十九六月三十日生
曾祖憲　祖佐左長史贈工部郎中　父利工部郎中　前母崇氏贈宜人　母張氏封宜人
慈侍下　兄範　軾　軔　載　弟軫　轂　輗　軏　輻　娶丁氏
山東鄉試第七十四名　會試第二百九十七名

吳善言　貫直隸廣平府成安縣民籍　縣學生
治詩經字子遠行一年二十六八月十八日生
曾祖雲　祖銘　父淵　母史氏
具慶下　兄道　田　樂　芹　娶史氏
順天府鄉試第五十七名　會試第一百三名
何文維　貫遼東定遼後衛官籍江西饒州府餘干縣人　遼東都司學生
治書經字衛正行五年二十九十一月初二日生
曾祖能　祖琮贈知州　父鐀府同知　前母繆氏贈宜人　母孫氏封宜人　繼母侯氏
具慶下　兄綸　文纘　文絅　文紹所鎮撫　文綺　文純　弟文綵　娶張氏
順天府鄉試第九十八名　會試第一百八十名

皇帝制曰。朕惟自昔
帝王莫聖於堯舜。
史稱堯舜垂衣裳
而天下治矣。然當
其時。下民猶咨。洚

水為災。有苗弗率。則猶有未盡治平者。豈二帝固弗之恤歟。抑其臣任之於下而上可以無

為不然。何以垂衣而治也。三代莫盛於成周宣王中興。詩稱召伯平淮夷。方叔征蠻荊吉甫

伐玁狁。惟得其人以分命之。是以不勞而治。朕常嘉之。甚慕之。朕撫天下四十有一年于此

矣。夙夜敬事
上帝。憲法
祖宗。選任文武大吏
之良。思與除民之
害而遂其生。兢業

不遑未嘗有懈間者水旱為災黎民阻饑戎狄時警邊圉弗靖而南賊尤甚歷時越歲尚未

底蘊。豈有司莫體
朕心。皆殘民以逞。
有以致之歟。抑選
任者未得其人。或
多失職歟。將疆圉

之臣未能殫力制
禦玩寇者歟夫朕
有愛民之心而澤
未究有遏亂之志
而効未臻固以令

昔不類。未得如古任事之臣耳。茲欲使上下協慮。政事具修。兵足而寇患以除。民安而邦本

以固。災咎可弭。困
窮可復。以嬈美虞
周之治。其何道而
可。爾諸士悉心陳
列。勿憚。勿隱。朕將

豕而行焉。

嘉靖四十一年三月十五日

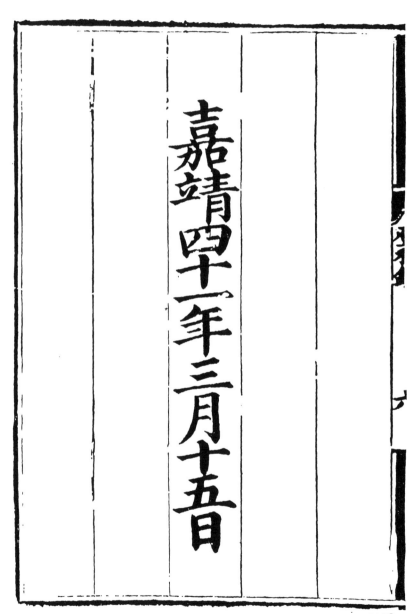

臣徐時行

臣對臣聞帝王之御極也體君道以奉天心而後可以建久安長治之業肅臣紀以奉天職而後可以成內修外攘之功何則人君者天之所授以統一萬方而臨馭兆民者也其位尊其任重故君道常主乎逸人臣者天之所命以左右一人而分理庶政者也其分卑其事憤故臣道常主乎勞君能奉天以端拱於上而以其事責諸臣則無為而化成不言而功著若於穆之運玄機之宰不假於推

之力而自然造物者矣是謂能奉天心而以
安長治之業可建也臣能奉君以奔走於下
而以其身致之君則同心以共濟協忠以體
國若四時之佐五行之吏各效其宣布之能
而罔有違天者矣是謂能奉天職而内修外
攘之功可成也不然則一人之身萬幾攸萃
安能一一而理之而庶官之衆各有司存能
不蹈於瘝曠之咎哉故君必率臣以圖久安
長治之業臣必輔君以樹内修外攘之功則
和氣溢而宇宙清盛理道昌而民物康乂順

治於内而萬方弘一統之規威嚴於外而四
夷效咸賔之美肇國祚於包桑之固措天下
於泰山之安唐虞三代之治不可復覩於
今日哉欽惟
皇帝陛下
稟剛健中正之資
合陰陽動靜之德際熙洽
御天之運膺
壽考作人之符精誠格乎
穹旻而瑞應駢臻妙道契乎

王元而仿徨畢集盖媲美唐虞而超越乎三代者

臣竊伏草茅沾被

聖澤久矣迺者叨有司之薦得以與對乎

大廷而

聖問所及特惓惓焉首述唐虞成周之治繼憫水旱盜賊之災任事失人之咎而終究夫足兵安民之術弭災救困之方且戒臣等以勿憚勿隱也大哉

皇言憂國憂民之心見乎詞矣敢不披瀝愚衷以對揚於萬一耶臣聞之書曰元首明哉股肱

良哉庶事康哉言明君在上而又有良臣以
左右之則庶事可理也又曰惟天聰明惟聖
時憲惟臣欽若言君能憲天而爲臣者自敬
順之罔敢或悖也是故君爲元首而憲天於
上則法天以爲聽而居高聽卑可以不勞而
坐聽天下法天以爲明而臨下有赫可以不
勞而坐照四方是君者法天道以無爲者也
臣爲股肱而欽若於下則代君以用其聰而
天下之利病皆通達而無所壅代君以用其
明而斯民之休戚皆洞察而無所遺是臣者

奉天職以有事者也是故唐虞之世萬邦協和矣四方風動矣文明之會昌矣堯舜以聰明極聖之主默運無為之治而又有禹皋稷契伯益之臣共佐太平之業故下民之其咨也洚水之為災也有苗之弗率也堯舜非不之恤也惟其忠良之佐足以贊皇猷弼直之鄰足以弘帝道以恤阻饑則有率育之臣以拯昏墊則有克勤之臣以格負固則有贊德之臣諸臣者其奉君如奉天也孜孜焉同寅協恭罔敢怠遑也故堯舜雖有旰食之憂而

終得以享垂衣之治至今稱中天之盛者必曰唐虞此堯舜得臣之明驗也周宣之世海内乂安矣國勢寖隆矣文武之業復矣宣王以聰明有道之君嗣守無疆之業而又有召虎方叔吉甫之臣夾輔中興之治故淮夷之猖亂也荊蠻之不靖也玁狁之虔劉也宣王非不之慮也惟其位元宰者才兼乎文武總元戎者勲聯乎將相有宣威江漢之臣而淮夷率俾有壯猷南國之臣而荊蠻來威有薄伐太原之臣而玁狁于襄諸臣者其事甫西

如事天也惴惴焉失心協力罔敢戲豫也故
宣王有繼述之思而終以成再造之績至今
稱中興之盛者必曰成周此宣王得臣之明
驗也堯舜宣王之為君法天道以無為而唐
虞成周之臣奉天職以有事則所以建久安
長治之業成内修外攘之功者豈偶然哉臣
伏觀
陛下臨御以来四十有一年矣
上帝之申眷不為不隆而誠敬愈篤
祖宗之成業不為不固而仁孝愈純

欽天有記以表昭事之忱

祖德有詩以發聿追之念至於憲切民恫任專吏

職內責成於守令矣而巡督之臣歲不絕遣

外付托於將帥矣而總制之命任必加隆無

一念不在於民瘼無一言不軫乎國慮臣有

以仰窺

陛下之心即堯舜之心而周宣不足侔也於今諸

瑞咸集四靈畢至固足以彰

陛下之峻德鴻勳超卓百代矣然滛潦為災則塍

畦有墊溺之苦亢旱為虐則阡陌有枯槁之憂

憂倭夷竊發於東南而海波弗靖醜虜跳梁
於西北而邊塵屢驚甚則遼薊之勢日就孤
危而江右之賊歲成延蔓殊非聖世之所宜
有者正堯舜憂民之時周宣勵精之日也臣
伏讀
聖制有曰間者水旱為災黎民阻饑戎狄時警邊
圉弗靖而南賊尤甚歷時越歲尚未底寧豈有
司莫體朕心皆殘民以逞有以致之與
陛下之言及此萬國萬民之福也臣竊觀內外諸
臣凡析圭儋爵結綬分符者孰非

陛下之寵榮乎凡擁旄杖鉞制閫握兵者孰非
陛下之威靈乎謂宜夙夜匪懈寢處不遑布寧謐
之化於域中揚振肅之威於閫外不負
天子而勿為聖世之瘝官也然各私其身者罔致
恤於民依各利其家者莫究心於國事內而
守令藩臬固必有自宣惠和憂勤撫字之臣
矣然而肥己瘠民營私蠹國以催科聚斂為
能以簿書期會為急者亦多有之也外而營
屯督府固必有敵愾鷹揚嚴明果毅之臣矣
然而坐失機宜輕損威重隱敗衄以為捷

安靜以爲福者亦恒有之也人臣咸若是則
何以成內脩外攘之功而佐久安長治之業
哉蓋
陛下愛民之心容保如天地而諸臣不能承宣
德意以弘康國之猷
陛下遏亂之志果決如雷霆而諸臣不能奉揚
威命以茂肅清之烈是自負於堯舜周宣之主
而有愧於唐虞成周之臣多矣及讀
聖制終篇有曰茲欲使上下協慮政事具修兵足
而寇患以除民安而邦本以固災沴可弭困窮

可復以媲美虞周之治其何道之而可臣愚以為
上者下之表也政事者臣之一紀也足兵以除
寇將帥之責任也安民以固國守令之職業
也災咎之有無困窮之復否皆由此出者也
為
今日計莫先於任人尤莫要於擇人夫
國家分職命官衆矣即列郡專城遐陬僻壤莫
不置吏蓋未嘗不任人也臣以為任之而未
當也
國家舉賢欽才舊矣即銓司法曹明黜顯擢

有違例蓋未嘗不擇人也臣以為擇之而未
精也任之未當與擇之未精而欲得人以裨
聖治是猶梗梓未充而需棟梁之用穊䅉弗
習而希稼穡之成臣知其弗能也故夫欲修
內治者在慎擇乎守令而已矣欲平外患者
在慎擇乎將帥而已矣董仲舒曰守令者民
之師帥所使承流而宣化者也守令而不得
其人雖日布蠲恤之令時厯惠鮮之恩民猶
不被其澤也今也閩郡無文翁之化而漁獵
民資者接踵邑里無魯恭之風而朘剝民膏

者比肩以狼牧羊而暴政日聞以齒焚身而敗官弗恤郡縣之民幾何不流離而攘竊也必也精選用之法嚴舉劾之科其未任也試以經濟之畧必求諳練民情通達治體而不拘選用之途如唐之試理人策可也其既任也責以久任之功必使吏安其官民狎其政而不拘遷轉之格如漢之為吏長子孫可也其任而獲效也優以格外之賞必旌之車服崇之階銜以彰卓異之勳如漢之爵至關內侯可也如是則有民有土之寄不輕數遷數

易之弊可免而人知淬勵以期不負乎渥
之恩矣盜有守令失人之患哉孫武曰將者
三軍之命國之重任不可不知也將帥而不
得其人雖決策於
九重定計於千里猶未可以臨敵也今也操練之
律雖嚴而士無投石超距之勇衣糧之給如
故而將無搴旗陷陣之能論戰鬬則縮頸而
股栗聞調遣則掩耳而口噤邊圉之寇幾何
不肆行而竊發也必也慎武舉之選嚴比試
之條有洞識兵機明習邊務者材可任也則

不拘以騎射之習如任杜預以平吳可也有
摧鋒陷敵決勝先登者功可錄也則不繩以
文法之細如赦魏尚於雲中可也有保障一
方折衝萬里者權可假也則不牽以中制之
命如委充國於金城可也如是則真材不耻
於武弁良將不苦於約束而人得展布以自
效夫捍禦之能矣安有將帥失人之患哉有
賢守令以宣德化於域中則政治畢舉而內
有順治之休有名將帥以揚威靈於閫外則
紀律章明而外有威嚴之烈由是民生遂

則邦本有磐石之固由是兵威日振則寇盜無潢池之虞和氣交蒸於海宇而災害不興頌聲流布於黔黎而困窮以復尚何不足以成久安長治之業而追唐虞成周之盛哉抑

臣又聞之

朝廷者四方之極也純心者用人之樞也惟

陛下常存敬一之心以端拱於上而已敬則存其心而不放一則純乎理而不雜深宮燕閒之中而不忘乎知人安民之慮齋居邃密之際而日嚴夫敬

天法
祖之忧則心正而朝廷百官皆一於正矣文武大
吏有不奉承而守令將帥有不奮勵者哉臣
不識忌諱干冒
天威無任戰慄隕越之至臣謹對

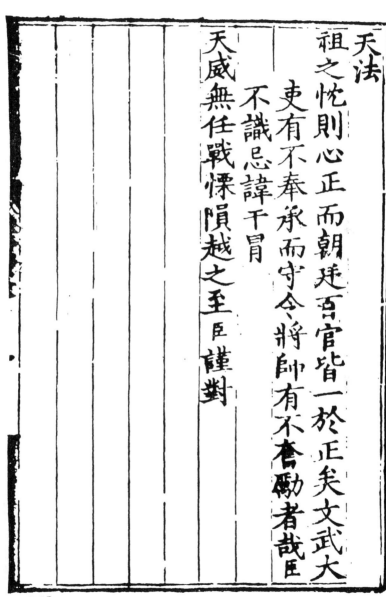

臣王錫爵

臣對臣聞帝王之御世也必文武並用而後
天下之治法以行必仁智相須而後天下之
治人以得何謂治法興天下之利除天下之
害使遠邇胥臣中外禔福而順治威嚴永孚
于休者皆法也何謂治人以天下之才任天
下之事使明良一德事使同心而奔走禦侮
各稱其職者皆人也人固緣法而舉法必待
人而行是故欲行治法則修文以布懷柔之
德經武以彰撻伐之威而安內攘外之功無

舉之矣欲得治人則本仁以弘翕受之公盡
智以昭旌別之典而輔理承化之績恒賴之
矣自古太平之世君逸於上臣勞於下而四
方為之嚮風八表為之順則者恃有此具也
不然上雖有仁聖之主而下無忠良之佐君
雖有願治之志而民不得被至治之澤非惟
官失其人而法亦因之以不舉是豈可無轉
移之術哉欽惟
皇帝陛下以
聖神文武之資立仁義中正之極恭己垂裳而百

陛欽承動容作色而海內震恐四十餘年之
間三辰軌度九域奠維以天地則既泰矣登
歌里誦嶽貢川輸以民物則既阜矣寶琛交
貢玉帛來同以戎狄則賓矣然猶
聖不自聖進臣等于
廷諮以當世之務斯心也視民如傷之心望道
未見之心也臣誠愚陋不足以塞
大問應
明旨雖然敢不掇拾所聞而對揚萬一乎臣伏讀
聖制首稱堯舜無為之治繼之以宣王中興之烈

且嘉慕當時之諸臣而歎今之不然臣有以
仰窺
聖意而得其說矣夫唐虞之世雖稱治安然洚水
警余猶切其咨之慮有苗弗率不免徂征之
師今之四隩宅而洚水平兩階舞而有苗格
何其不勞而成功之若是也蓋當是時有禹
益諸臣一德一心以修輔厥后而二聖人者
特垂拱仰成爾已周宣之世雖稱中興然觀
雲漢鴻鴈諸詩則民人未必其盡安觀采薇
六月諸詩則方內未必其無警今之海宇臻

富庶之休夷狄底蕩平之績又何其不勞而
成功之若是也蓋當是時有吉甫方叔諸臣
矢心戮力以弘濟時艱而宣王特委任責成
爾已所以然者豈堯舜宣王無憂天下之心
而專屬之臣與蓋人君所履者天位也所治
者天職也天何言哉以一氣運於上而四時
五行為之節宣於其間者分也君何為哉以
一德運於上而百司庶府為之協理於其下
者亦分也唐虞成周之世君法天道而握樞
以象其臣臣代天工而勤職以事其君此所

以化災沴為禎祥轉兵車為玉帛當時頌聖
後世垂休良有以也由是觀之水旱盜賊之
災固不足以為盛世之累其所以斡旋氣化
保衛生靈者則在乎奮庸熙載之有人而折
衝禦侮之有賴耳洪惟我
太祖高皇帝肇造區宇丕顯之謨無以加矣然軍
旅之後旱暵相仍而湖南辰貴之間時猶揚
塵鳴鏑屢犯王誅則水旱盜賊之警不盡無
也然而患不及民者則以內有劉宋諸臣為
之經理其文事外有徐常諸臣為之振揚其

武威故我

太祖不勞而天下治也

成祖文皇帝中靖家邦丕承之烈無以加矣然北方阻饑江南大水而日本安南之寇時猶虓闞內視擾我中華則水旱盜賊之警亦不盡無也然而民不稱病者則以文有楊夏之徒宣力於中朝武有劉朱之屬揚威於外徼故我

成祖不勞而天下治也

列聖相承太平之化日益隆洽雖其文經武緯

於
淵衷之獨運而輔理承化之功亦自有不可誣者
臣伏覩我
皇上即位以来敬
天法
祖無一事之敢忽修德勤政無一息之少懈是故
幾甸之雨暘愆候即先期而
躬禱齋壇郡邑之水旱一聞不逾時而旋加賑恤
至於大同遣餉特出
睿謨蘇松改折曲從吏議重邊方之警報則暮夜

必達憂閫廣之阻兵則諮謀不倦仁心仁政
誠有媲美唐虞而迺成周於不居者固宜史
稱民安化隆俗美邦本內固而災異不作國
威外振而兵革不試矣然頃者黎民阻饑南
賊滋熾至更歷時歲而不能紓
陛下之憂臣甚惑之竊嘗深思其故則以為
陛下憂民之心雖切而承宣德意者或多自私自
利之臣
陛下過亂之志雖勤而奉揚威靈者或非效忠宣
力之士此膏澤之所以未究而治效之所以

未臻也臣聞建安攘之功者惟文與武而曆
文武之寄者惟將與吏古昔聖帝明王久安
長治之策靡不由此唐虞以前無論已周禮
有遺人掌縣都之委積以備凶荒有廩人掌
九穀之數以記豐凶有鄉師以歲時周民有
司救以王命施惠而其上者又有向宣惠和
之臣日夜撫循其民庶而報政于朝廷則安
民之責臣寔任之而君不自為也詰奸掌之
士師稽殺掌之朝士搏盜則有司隸諜盜則
有環人而其上者又有推轂分閫之臣日夜

整齊其卒伍而折衝于邊鄙則遏亂之責臣
寔任之而君亦不自為也君不自為而臣為
之臣代君為而君任之勞逸各得其所而文
武咸盡其才欲天下無治不可得也今之結
綬分符為
陛下之吏者
陛下固亦以安民責之矣而夷考其人果能如伏
湛之分俸賑民乎果能如夏侯惇之斷水作
陂乎果能如蔡齊之弛禁利民王望之開倉
救殍乎有之或弗克自效而竭澤為漁以實

私槖者相望也甚則水旱不以實聞增損委
之胥吏而百姓嗷然有思亂之心矣今之擁
旄秉鉞爲
陛下之將者
陛下固亦以遏亂責之矣而於稽其人果能如張
耳之馬箠下城乎果能如充國之枕席過師
乎果能如李靖之蹀血虜廷如賀若弼之酹酒
江上乎有之或弗克自奮而選耎畏懦以縻
廪祿者皆是也甚則擅奪首功以扣除常給而
盜賊囂然有輕中國之心矣夫民窮故盜起

盜起而民益窮食缺故兵興兵興而食益缺
官失其人故法弊法弊而人之救之也益難
此
聖天子所以側席求賢才拊髀思將帥而慨想於
無為之治歎息於古今之不相及也且夫一
心所向百體從令一人所欲百辟爭趨以
陛下憂民如此之切而臣工之負
陛下乃如此之深此無他故矣蓋嘗論之誤天下
之事者將吏也誤天下之將吏者選任之失
人也以擇吏言之安靖悃愊者或病其無文

撫字心勞者或尤其政拙擅發倉廪者蒙專
輒之辜搏擊豪強者多肘腋之患至於科甲
登庸則論劾不輕及簿書不失則罷軟可苟
容善事上官則貪墨無顯罰天下之吏見賢
者未必進而不肖者未必退也誰復有感恩
圖報砥行立名以求自附于循良之列者哉
天下之所以無賢守令職此之故也以擇將
言之沉鷙有謀者或以木訥而無聞投石超
距者或以粗才而見斥不擊刁斗者或謂之
踈庸穿域蹋鞠者或以為放縱至於掊剋以

市恩則貪殘者稱為忠良卑諂以媚上則畏
懦者附于儒雅虛言以讋衆則誕妄者信其
雄畧天下之將見有功者未必上而無功者
未必下也誰復有撫劒抵掌出身犯難以求
不負乎干城之寄者哉天下之所以無賢將
帥職此之故也臣聞天生一代之才必足以
供一代之用上有明明之君下必有翼翼之
臣顧所以用之何如耳茲欲選任皆得其人
而文武惟其所用則臣請以仁智之說為
陛下終言之孟軻氏有云智者無不知也當務之

為急仁者無不愛也急親賢之為務夫所謂
親賢者非煦煦焉暱比以為恩也以公心選
之以隆禮待之以誠意委之而高爵厚祿有
所不靳寸長小善有所不遺自古帝王所以
顯忠遂良而天下稱至仁者胥此也所謂當
務者非察察焉綜核以為明也辯忠邪之分
稽功罪之實慎賞罰之施而一人之毀譽有
所不恤一己之聰明有所不任自古帝王所
以舉直措枉而天下稱大智者胥此也仁而
匪智則爵賞太濫而奸邪或得以苟容智而

匪仁則推求太過而賢才不樂于嚮用是故欲為擇吏計則莫若廣選舉之途如古之孝弟賢良與文學並進可也嚴考課之典如古之大明黜陟歲終奏舉殿最可也行久任之法如古之居官長子孫有績則進爵加秩可也而又申勅銓曹使之選任有司務求端良修潔之士而儇薄好名者無所容焉將見百司競勸庶賢彙征旬宣者為曾翬之去疾廉謹者為羊續之懸魚雖有水旱之災而困窮之民且將還定而安集矣唐虞風動之休成

周順治之化不可以復見乎欲爲擇將計則
莫若畧世嗇以求真才如古之起自行陣而
拜爲大將者可也專委任以需實效如古之
便宜行事而不從中制者可也信賞罰以勵
頹靡如古之謗書盈篋而不問揮淚斬將而
不恤可也而又嚴責本兵使之選任將帥務
求沉毅果敢之士而庸懦無能者弗得與焉
將見策士效謀勇夫效力督撫者皆良平之
器授鉞者皆韓白之才雖有竊發之警而烏
集之衆且將喙息之不暇矣唐虞來王之化

周室于襄之威又不可以復見乎要之廣求
賢才以備國家之用者皆仁也旌別淑慝以
昭勸懲之典者皆智也仁以運乎其智故內
外文武之臣咸欣欣焉戴
陛下之恩而不忍自負乎知遇之隆智以濟乎其
仁故內外文武之臣咸兢兢焉畏
陛下之明而不敢自蹈于欺罔之咎由是而民安
寇息由是而災消祥降萬世治平之業恒必
賴之矣抑臣又聞之圖事者貴謀之于豫而
欽才者貴養之于初今

朝廷以科貢取士士固多良矣然餙文華而鮮爲己之功爭進取而乏恬退之節者亦時時有之則教化不可以不敦也請於天下學校申明道術擇操履端純者爲之長使孝弟忠信之理廉耻禮讓之節知之既明守之既定然後取之以科貢而委之以民社之寄則幼學壯行不患無術窮經致用可以旁通如是而憂天下之無良吏者未之有也

朝廷以武舉擇將將固多良矣然力足以挽強而適用則踈辯足以讋愚而臨事輙亂者亦

時時有之則訓習不可以不慎也請於天下
郡縣增設武學擇諳通韜畧爲之師使坐作
進退之方虛實堅瑕之勢耳習所聞目熟所
見然後試之以武舉而授之以鈇鉞之任則
籌敵制勝洞如指掌戡亂鋤奸易若轉樞如
是而憂將之不良者未之有也將良矣吏良
矣天下無事
陛下無憂矣
萬幾閒暇之際
九重深邃之中其將何所事事乎臣聞天下國家

之本在人君一心而已自此心之至公則為
仁自此心之至明則為智以是至公至明之
心而乂安天下則文德修以是至公至明之
心而肅清天下則武功振斯道也
陛下敬一之箴固已該括而無餘矣臣愚芹曝之
私惟願益新
聖德祗慎厥終盛滿弗矜則為舜之無怠無荒幽
獨必謹則為文之亦臨亦保立綱陳紀則守
之以不愆不忘之訓任賢去邪則決之以勿
疑勿貳之明察天人理欲之幾則不邇不殖

之戒常惕然於吾之心考古今得失之監則
未危未亂之防常惺然於吾之念將見百官
庶吏莫不精白以承休而細奸小醜亦且回
心而向善恩從祥風翔德與和氣游上以答
天心之景貺下以綿
國脈于靈長董子所謂君心正而福祥集詩所
謂天保定爾亦孔之固且為
今日頌之矣至治之盛豈待比隆虞周而已哉
疎狂之論不識忌諱無任隕越之至臣謹對

臣余有丁

臣對臣聞人君代天以理物常秉天下之大權以成無爲之治人臣代君以協理當明天下之大分以建匪懈之功何也君之尊猶天也操乾綱以獨斷於上一乾元之統天焉而凝神端拱於以享其逸而不勞臣之事君猶事天也守坤貞以疏附於下一坤順之承天焉而竭力圖惟於以任其勞而不避君享其逸匪自豫也無心而成化天道本如是也人君奉若天道巍然臨御於九重而委任以責

之臣焉斯有以得大君之宜臣任其勞匪自辟也無成而代終地道本如是也人臣效法地道夔然恪共乎庶職而盡忠以效之君焉斯有以得純臣之義惟君以天自處是能以天之心爲心也故其治足以則乎天而聖帝明王不能外是以廸恭默之衡惟臣以天事君是能以君之心爲心也故其忠足以孚乎君而賢相忠臣不能外是以奏協恭之績君臣得而萬化行所以亮采惠疇者有全功上下交而庶務理所以謨明弼諧者有偉烈渾

亟純龐之風可以坐致雍熙悠久之業自茲
有成矣欽惟
皇帝陛下稟神聖之資撫熙明之運敬一紹帝王
之道統倫制立古今之治極恭默通於
上載聲教布於遐陬禮樂明備而大車書一統之
盛華夏率俾而洽干羽兩階之休嘉靖萬邦
迄今四十有一年如一日矣臣竊伏草茅幸
際
陛下久道成化
壽考作人乃[illegible]有司之選覩承

大廷之對而
清問下及首焉嘉慕帝王致治之盛既而軫念幾
寇荐至之警深有慨於文武庶職之難其人
焉将求弭變以安民遏亂以固本且責臣等
悉心陳列勿憚勿欺也顧臣愚陋猥謭何所
知識得以少裨
陛下麻德之萬一乎然恭承
溫旨仰體
淵衷敢不披瀝誠悃以對臣聞之書曰天佑下民
作之君師以對上帝是天之所以寵綏乎君

而君之所以受命於天者意有在也故履大
寶握中樞位曰天位焉膺歷數纘帝極統曰
天統焉以至心代天意口代天言身代天事
莫非天也則當以天自處矣禮曰惟王建國
設官分職以為民極是君之所以委任乎臣
而臣之所以承命於君者責有歸也故論定
而爵以馭其貴惟君所詔焉位定而祿以馭
其富惟君所予焉以至治君之民理君之事
分君之憂莫非君也則當以天事君矣夫以
一人而欽承昊天之明命一日萬幾不能獨

理后克艱厥后矣使日孜孜焉政事是親以
下同於臣則耳目不逮志慮未周而欲帝載
之咸熙也其可得乎以一身而奉若天子之
明咸百僚庶府各有專成臣克艱厥臣矣使
徒泄泄然尸素是安以上負其君則職業不
修機務不理而欲臣紀之罔愆也其可得乎
粵稽古昔語帝之盛者莫過於堯舜固嘗隆
垂衣之化矣而其始焉洚水滔天思以治之
下民艱食思以康之有苗弗率思以格之而
堯舜未嘗自勞也讀書而得典謨諸篇若治

洪水則有禹以底平成若教稼穡則有稷以粒烝民若明刑罰則有皋陶以弼教化曰翼爲曰明聽各效其職於中天之際而凡政有未修德有未正用有未利當時諸臣皆有以代其終是以堯舜得享無爲之逸而協和而風動古今稱極治者唐虞爲莫及焉語王之賢者莫過於周宣固嘗建中興之業矣而其始焉淮夷是叛思以討之荊蠻爲讐思以征之玁狁匪茹思以伐之而宣王亦未嘗自勞也論詩而得采薇諸章若平淮者則有旬宣

之召伯若征荊蠻則有无若之方叔若伐獫
狁則有文武之吉甫曰奔奏曰禦侮各展其
能於多事之日而凡王賦之未進車徒之未
實綜理之未周當時諸臣皆有以共其職是
以宣王得享不勞之治而順治而威嚴古今
稱中興若戎周爲難繼焉嗣是而降無與爲
明聽之臣安望治之比隆於二帝撫奔奏禦
侮之臣安望治之駕羨於周王耶是宜
陛下嘉之慕之而陋三代以降於不足言也惟我
陛下篤明禋之敬而心乎

穹昊茂熙洽之化而光紹
祖宗以言其安內也
內苑耕籍重稼穡之艱難
殿工擬竣蠲各省之徵派憂下民之易虐則申
嚴考察之令慮犯法之無知則時重恤刑之
典發倉廩以賑民乏施藥餌以療民痌其恩
澤之溥及於遐邇者不啻如雲雨之行施沛
乎沾濡而無物之弗被矣以言其攘外也內
立三營開戎府以固京師之本外重九邊愼
將帥以嚴疆埸之防醜虜內侵則

神謨密運即以驅逐于塞漠島夷外寇則
天威奮迅即以勦截於海濱意出而鬼神率從令
行而姦宄慴伏其威武之震疊於邊陲者不
啻如雷霆之鼓舞肅乎烜耀而無遠之不服
矣
身居九重而慮周四海之外
尊臨五位而威制八荒之遐天下臣民方仰恊和
風動順治威嚴之治軼唐虞而越有周矣夫
何邇年以來旱潦頻仍而倉箱無卒歲之儲
公私俱困而杼軸有其空之患北虜乘飈舉

之勢而不時擾我邊鄙南賊鼓烏集之羣而連歲犯我海壖誠如
聖制所謂水旱爲災黎民阻饑戎狄自警南賊尤甚有以㕓
宵旰之懷矣臣以爲天地之大也不能必寒暑災祥之正堯舜之聖也猶且病博施濟衆之難今日水旱之災是即二帝儆予其咨之嘆也南北之寇是即周時夷蠻玁狁之侵也然二帝有儆予其咨之憂而卒不憂者以翼爲明聰之各得其人耳周王有夷蠻玁狁之患而

卒不患者以奔奏禦侮之各盡其職耳今
陛下以天之心爲心而臣之陳力就列者未必能
仰體是心以亮天之工
陛下以民之心爲心而臣之專城長邑者未必能
各存是心以分民之牧臺閣之臣有誠盡翊
贊者矣而承宣之臣果皆誠盡疏附乎近侍
之臣有誠盡論思者矣而折衝之臣果皆誠
盡捍禦乎持節剖符膺民社之託者非不多
也然而性近鷹鸇者每歎乎鸞鳳之儀才優
驥足者恒鮮乎羔羊之節稱催科之善者未

必得撫字之勤語刑罰之中者未必知教化
之道號狷介者或勉強以干譽而不能不渝
於其終號慈君者或煦嫗以市恩而不能不
昧於其大又其甚者厲民以自殖戕民以自
逞民惟恐其不去已矣安望其能拯民之困
蘇民之瘼行君之令而致之民耶推轂授鉞
有兵旅之寄者非無將也然而職厠虎賁者
未必預鷹揚之具名托干城者未必優尊俎
之謀負海內之重望者不免飾虛名以邀功
膺閫外之大權者不免恣酷烈以毒衆鼓刀

抱關者氣雄三軍未聞親冒矢石而克入日
之捷綺紈襦袴者貂璫累葉不免徒讀父書
而掩奕世之勳又其甚者元帥畏偏裨偏裨
畏士卒將無所不至矣安望其能禁國之虣
除國之亂而壯君威於萬里也耶是誠有如
聖制所謂有司莫体朕心疆圉之臣未能殫力此
所以
陛下有愛民之念而澤未究有遏亂之志而效未
臻也然臣伏讀
聖制終篇有曰茲欲使上下協慮政事具修兵足

而寇患以除民安而邦本以固災咎可弭困窮
可復以媲美虞周之治其何道而可臣愚以爲
史有之令之郡守民之師帥也所當重也是
必嚴考覈之典申久任之規循良悃愊者增
秩以示榮久之若卓茂之封而不以爲驟闒
茸貪墨者重罰以示辱甚則若阿大夫之烹
而不以爲苛然後黜別殿最之典明吏將砥
礪以自勉而撫字之陽城寬和之黃霸自革
出矣而以是牧民民困其少蘇乎志有之將
者國之輔也所當重也是必尊委任之柄隆

駕馭之權有功必賞不間於羣言如任樂羊
而無有於二志有罪必懲不牽於私故如戮
馬謖而罔萌夫貸心然後鼓舞振作之用行
將皆激昂以求試而良平之智撫韓白之統
率自羣起矣而以是除盜盜患其少息乎如
是則得文臣以宣惠惠無不浹而國家之元
氣自固足以安內而紓鴻鴈之憂得武將以
揚威威無不奮而國家之神氣自振足以攘
外而免墉隼之害
陛下可端冕服而神不顯之德可寧黼扆而成顯

若之乎正猶天道默運於上而四時之官五行之吏各効其職以生萬物而萬物羣然其樂生焉怡然其並育焉二帝無爲之治於此復覩而周宣中興之業可以駕而上之矣然所謂任吏擇將又豈無其要哉今之吏治不得其人非吏之果無良也亦曰學校之教不明耳學校者守令自出之地也今之學校臣惑焉涉經傳以組詞章者曰足以取青紫裂章句以飾文藝者曰足以致顯榮而於身心道德之懿漫不之知及出而從政則仗逢迎

爲捷徑視職署爲置郵無異乎文職之不修
也爲今之計當思所以重其教若三物之規
九經之訓倣古而行之以端其趨向則菁莪
樂育之教興而濟濟之多士爲王國之楨矣
今之將領不得其人非將之真不才也亦曰
武舉之科不嚴耳武舉者將才發軔之地也
今之武舉臣惑焉懸弓矢得者皆挽強之粗
才以策論進者惟蹈襲之舊語而於韜畧奇
正之實漫不之究及出而行師則鉛刀不足
以爲割朽壞不足以爲障無怪乎武功之不

競也爲今之計當思所以慎其科若大射之禮大閱之法倣古而行之以新其志意則免冝好仇之化戍而赳赳之武夫爲公侯之腹心矣由是文武將吏各得其人又何患惠澤不宣而旱潦之爲災威強不振而虜寇之足虞哉雖然運操縱之大機用磨礪之大法則尤有大本焉宋儒程顥曰朝廷者監司之本監司者守令之綱也欲使民之得其所本原之地亦在乎朝廷而已朱熹曰聖王所以制禦夷之道其本不在威強而在德業其具

不在兵食而在紀綱其備不在邊境而在朝廷而朝廷之要則漢儒董仲舒曰人君正心以正朝廷正朝廷以正百官正百官以正萬民而已盖人君一心取人立政之本也今

陛下敬一持心無逸示訓而凡取人立政者取諸一心而有餘矣而臣今日欲效忠於

陛下者非外此而有加也惟在常存敬一無逸之心而涵泳之耳伏願

陛下法天行之健繼離照之明緝之爲不息之誠行之爲無疆之業端養於清穆之表則防未

萌之欲而於好惡無所偏矯易溺之情而於
愛憎無所徇也獨斷於臨蒞之際則兼天下
之聰明以爲智而於視聽兼所壅順天下之
心志以施令而於取舍無所私也由是心不
待檢而自存可以游神於至道之域而德日
益純志不假持而自固可以澄心於湛一之
天而業日益弘如日月之久照而不改其明
如四時之久成而不愆其紀如天地之久運
而不息其機以此取人人兼不得以此立政
政無不舉而中外臣工罔不惕厲以共厥職

文恬武熙之績以奏內安外攘之效以臻王
道成和平之美
國祚衍靈長之慶誠可遠追二帝雍熙之化近
軼周王嘉靖之休即軒皇久道華胥之治不
外是矣臣愚幸甚天下幸甚臣無任戰悚隕
越之至臣謹對

會試録序

恭惟我

皇上至神極

聖應運紹

天御大紫之噐握中黄之符

峻德豐功登邁三五四十一年以

來昭翼心於

上帝通馨治於神明周察吏政洞
燭民隱令發而化馳如霆心
懔而威動萬里肆令百司循
法羣黎樂生方内稱敉寧矣
然
皇上以吏治或至於奸而含生之
物未盡浸潤於澤致治保民

之圖
宸慮猶睠睠焉今歲壬戌爲羣吏
述職之期又當會試天下士
上既命銓曹慎評庶位旌別其淑
慝茲復
命臣自
左右徃典試事畀以罔羅英俊

之寄
聖意所嚮指視疇曩益加重矣臣
竊念章句賤流蒙
恩超擢置諸密勿即百其身無以
仰答
君父生成之德今者幸承
任使忻忭獨深竊謂可以藉手

圖效涓埃之報乃以是月辛
酉同諸執事請
闕下辭臣復請
迎和門叩首辭
皇上念臣直贊徵勞
特頒金緋珎饍馳
賜棘院

天恩優異前此所未有也臣感激
非常之
眷敢不矢志思奮秉公竭忠務得
真材以少裨
聖化耶顧伏思之銓曹之課吏在
於黜不肖而校士之役在於
進賢二者事異而機同相須

以成安民之治功也今觀其所黜者或黷貨而貪或峻法而刻或越度而縱或弱植而靡是皆已業厥官計其三載之政行昭晰而易見者也然臣之所進則抱藝握鉛槧之士如玉之在璞瑕瑜未呈欲

以三日之文而槩其人亦難
矣臣率諸同事者覃精凝思
披卷品騭至窮日夜之力雖
諸士之文雜然並陳于前而
純疵纖惡自章明較著粲然
而不能掩臣取而錄之言若
人人殊類皆抉微抒蘊標粹

揆奇各以其素所蓄者發之
文有莊嚴瑩徹其詞峻以潔
者曰是能剖析義利士之廉
而不劌者也有温醇爾雅其
詞和以平者曰是能涵養德
性士之愷悌而不苛者也有
詞之縝密典則從容於法度

之中者是必履正奉公之士
知其不淪於縱也有詞之雄
深閎肆發舒其剛大之氣者
是必任重致遠之士知其不
流于靡也夫文者德之華也
言者心之聲也緣華以稽其
德因聲以遡其心錄其先資

之言而獻之於
上自此而敷對
大廷陳布有位諸士因言以成
其信內之亮工熙載外之展
寀錯事乂安黎元翼賛
鴻化以副
當宁致治保民之懷則今日所進

庶可追他日之黜矣臣又聞
之一年之計樹穀十年之計
樹木百年之計樹人夫良農
之樹穀必擇嘉種焉以裕饗
神粒民之資也若蕪稗稂莠
則芟夷蘊崇之矣場師之樹
木必掄美材焉以需清廟明

堂之用也若荆榛樲棘則剪
伐攘剔之矣我
祖宗豐芑之仁
皇上菁莪棫樸之化長養培植以
樹多士既深且久乃令錄於
有司若嘉種之升豆登美材
之中繩墨也誠能懷感

國恩爭自磨濯策鉅偉之績建
駿奕之功以養萬民以楨邦
國為
宗社樹億萬禩靈長之計則多
士厚於自樹而臣亦慶於得
人庶可以對揚
恩命之萬一矣其或行弗逮言文

不適用始以賢進而終以不
肖黜是自捐其嘉而斷其所
以為美也庸不負
國家樹人之盛心哉是舉也
上允禮部之請以臣煒偕學士臣
份為考試官而同考試則右
諭德臣汝楫侍讀臣鏜孫修

撰臣士美編修臣旻臣希烈
臣汝嘉臣四維臣弘謨檢討
臣可行臣泰臣自強都給事
中臣夢龍臣岳臣益署郎中
臣承烹臣汝驥主事臣一道
知貢舉則尚書臣訥侍郎臣
拱監試則御史臣承華臣復

士之就試者四千五百有奇
如故事三試之遵
宸斷拔其儁三百人刻其文之純
者二十篇成録以
獻焉
太子太保戸部尚書兼
武英殿大學士袁煒謹序

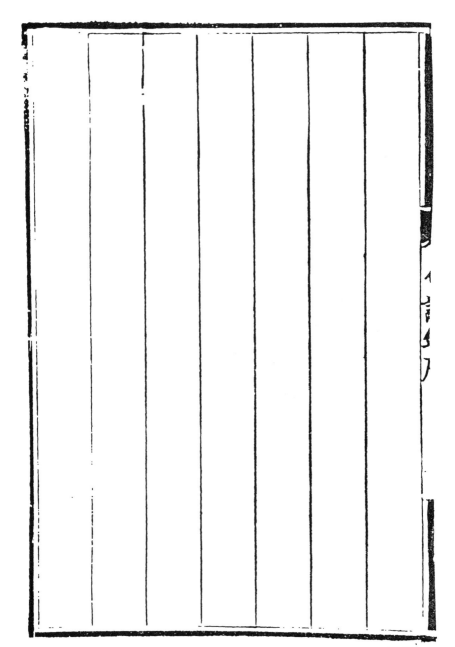

嘉靖四十一年會試

知貢舉官

禮部尚書兼翰林院學士嚴訥 敏卿直隸常熟縣籍吳縣人辛丑進士

嘉議大夫禮部左侍郎高拱 肅卿河南新鄭縣人辛丑進士

考試官

太子太保戶部尚書兼武英殿大學士袁煒 懋中浙江慈谿縣人戊戌進士

嘉議大夫禮部右侍郎兼翰林院學士掌詹事府事董份 用均浙江烏程縣人辛丑進士

同考試官

奉訓大夫右春坊右諭德唐汝楫 思濟浙江蘭谿縣人庚戌進士

翰林院侍讀汪鏜孫 振宗浙江鄞縣人丁未進士

翰林院修撰承務郎丁士美 邦彥直隸清河縣人己未進士

翰林院編修文林郎呂旻 仁甫福建龍溪縣人癸丑進士

翰林院編修文林郎王希烈 子忠江西南昌縣籍臨川縣人癸丑進士

翰林院編修承事郎胡汝嘉 懋禮南京鷹揚衛人癸丑進士

翰林院編修文林郎張四維 子維山西蒲州人癸丑進士

翰林院編修文林郎姚弘謨 繼文浙江秀水縣人癸丑進士

翰林院檢討徵仕郎吳可行 子言直隸武進縣籍宜興縣人癸丑進士

翰林院檢討徵仕郎陸泰 惟安浙江鄞縣人癸丑進士

翰林院檢討徵仕郎馬自強 體乾陝西同州人 癸丑進士

吏科都給事中梁夢龍 乾吉直隸真定縣人 癸丑進士

禮科都給事中丘岳 子瞻湖廣黃岡縣人 丁未進士

承事郎兵科都給事中張益 舜卿江西豐城縣人 庚戌進士

承德郎吏部考功清吏司署郎中事主事吳承燾 仁甫直隸吳江縣人 癸丑進士

承德郎兵部車駕清吏司署郎中事主事許汝驥 德卿直隸寧國縣人 癸丑進士

承德郎刑部山西清吏司主事羅一道 貫卿廣東東莞縣人 庚戌進士

監試官

文林郎浙江道監察御史李承華 實甫山西曲沃縣人 丁未進士

承事郎福建道監察御史羅復 子貞江西南昌縣人癸丑進士

提調官

承直郎禮部儀制清吏司主事勞堪 君任江西德化縣人丙辰進士

承直郎禮部主客清吏司主事柴淶 季東順天府籍浙江鄞縣人丙辰進士

印卷官

禮部儀制清吏司郎中胡士彥 世美江西鄱陽縣人癸丑進士

承直郎禮部儀制清吏司署員外郎事主事沈紹慶 子善直隸崑山縣人庚戌進士

收掌試卷官

徵仕郎中書舍人梁致 思伯廣東順德縣人官生

承德郎大理寺左寺左寺正章子誼 汝正浙江會稽縣人 儒士

受卷官

直隸保定府通判吳勳 世夫直隸歙縣人 丁酉貢士

江西贛州府信豐縣知縣馬驥 汝德廣東茂名縣人 監生

直隸順德府任縣知縣孫榮先 孝思山西文水縣人 丁酉貢士

直隸鳳陽府泗州天長縣知縣李時芬 惟馨直隸安州人 癸卯貢士

彌封官

四川成都府成都縣知縣楊大韶 九成雲南劔川州人 丁酉貢士

山東登州府萊陽縣知縣徐一陽 復之福建莆田縣人 丙午貢士

順天府薊州平谷縣知縣王凌漢 迅夫山西忻州人 庚子貢士

山東濟南府鄒平縣知縣崔傑 世謙陝西米脂縣人 監生

謄錄官

四川成都府威州保縣知縣舒文璧 道行廣西全州人 甲午貢士

順天府通州武清縣知縣李廷芳 子榮廣西宜山縣人 丙午貢士

浙江紹興府嵊縣知縣陳宗慶 崇吉江西金谿縣人 庚子貢士

直隸真定府晉州安平縣知縣曹鉉 汝器河南伊陽縣人 監生

對讀官

四川成都府綿州知州陳仕 原學湖廣[illegible][illegible]縣人 戊子貢士

陝西鞏昌府伏羌縣知縣李世相 良佐遼東蓋州衛人 庚子貢士

四川保寧府巴州通江縣知縣何龍雲 天章湖廣枝江縣人 監生

直隸淮安府贛榆縣知縣楊表 子儀廣西藤縣人 壬子貢士

巡綽監門官

懷遠將軍金吾前衛指揮同知劉漢 天章直隸合肥縣人

明威將軍義勇後衛指揮僉事王廷鸞 國儀順天府永清縣人

明威將軍會州衛指揮僉事劉逢吉 子修河南商水縣人

明威將軍金吾右衛指揮僉事吳通 天衢直隸泰州人

明威將軍金吾左衛指揮僉事布濱 智夫山後人

昭勇將軍大興左衛指揮使張　鎮　子靜山後金山人

供給官

禮部精膳清吏司主事武　金　碩甫直隸井陘縣人癸丑進士

順天府通判戴　甫　相周浙江昌化縣人庚子貢士

承事郎順天府宛平縣縣丞周　徽　子慎浙江永康縣人監生

文林郎順天府大興縣縣丞胡　嵩　惟高浙江昌化縣人監生

順天府宛平縣典史嚴邦顯　惟達浙江餘姚縣人吏員

順天府大興縣典史安　臣　國用陝西富州人吏員

第壹塲

四書

事君能致其身

悠久無疆

文王以民力為臺為沼而民歡樂之謂其臺曰靈臺謂其沼曰靈沼

易

天且弗違而况於人乎

元吉在上大成也

非天下之至神其孰能與於此

天地設位聖人成能

書

光被四表格于上下

江漢朝宗于海

曰雨曰暘曰燠曰寒曰風曰時五者來備

各以其敘

道洽政治澤潤生民

詩

于以盛之維筐及筥于以湘之維錡及釜
似續妣祖築室百堵西南其戶爰居爰處
爰笑爰語
顯顯令德宜民宜人受祿于天
以介眉壽永言保之思皇多祜
春秋
春正月公會宋公蔡侯衛侯于曹　夏四
月公會宋公衛侯陳侯蔡侯伐鄭　桓公
十有六年

夏單伯會伐宋莊公十有四年齊師宋師

曹師城邢僖公元年

公會晉侯宋公衛侯曹伯齊世子光莒子

邾子滕子薛伯杞伯小邾子伐鄭會于

蕭魚襄公十有一年甲午衛侯衎復歸

于衛襄公二十有六年

叔孫舍至自晉昭公二十有四年

禮記

君賜車馬乘以拜賜衣服服以拜賜

清明象天廣大象地

夫是以天下大平也諸侯朝萬物服體而

百官莫敢不承事矣

仁者天下之表也

第貳場

論

人君其尊如天

詔誥表内科一道

擬漢令百官各貢忠誠詔永平十八年

擬唐以郭子儀為中書令誥乾元元年

擬

周王得騶虞於神后山以
獻羣臣賀表永樂二年

判語五條

舉用有過官吏

畀幼私擅用財

監臨勢要中鹽

邊境申索軍需

織造違禁叚疋

第叁塲

策五道

問古之帝王建鴻徳者必有鴻筆之臣褒頌紀載鴻徳乃彰唐虞之際見於詩書可攷也漢以後文學之臣表徳誦功宣昭主上之令美若司馬相如班固之於漢張説柳宗元之於唐傳記足徵焉宋

邵雍之論治乃曰本朝五事唐虞而下
所未有雍一代大儒論宜有據也盍究
觀其補歟洪惟我
太祖高皇帝天挺聖神肇造函夏德峻功巍不
可殫述而近代詞臣亦云
本朝度越歷代亦有五事得非有感於雍舉
其關鉅者言之歟
國初儒臣序
大明日曆嘗以六事揄揚

聖祖功業不識二臣之論後先相符契否今仰
窺其所條列眞駕百王而獨盛者豈宋
事可同日語耶然
聖政之詳卓絶古今者不止此可悉稱數之歟
逮
成祖文皇帝靖内定基以貽
宗社億萬年之安視
聖祖經綸天地之業無間焉至我
皇上道隆繼述運撫中興敷皇極以錫庶民觀

會通而行典禮治化昭登蟠際宇宙以
覲
太祖之耿光以揚
成祖之大烈高出古帝王之上漢唐宋莫敢望
焉可得而揚厲之歟夫
聖祖
神孫赫赫明明以成百代殊絕之治固必有為
之本者亦可述其槩歟今能言之類孰
筆之徒皆願竭文思獻歌頌諸士子其

人也幸爲我詳著之

問博物洽聞儒者格致之學也昔人謂大人之胷懷非一才高智大故於百家之言無所不包則遊神玄覽信君子所貴也試舉數事與諸士析之春秋之世列國多良大夫有著牧民山高乘馬輕重九府之篇有讀三墳五典八索九丘之書可得而陳之歟有因出使鄰國而識實沈臺駘之祟有因龍見絳郊而爲畜

龍御龍之說又可得而僂指歟孔子大聖人也黨人稱之為博學太宰許之為多能夫六經所刪述炳如日星天下誦習而講劘之無論已然嘗解商羊之舞剖萍實之微悟羵羊之祕決陳人庭隼之疑對越人執骨之問夫此五者非耳目所濡染何以能旁通之若是也豈天縱聰明之盡者自無所不知歟抑亦有所考歟至漢人雖誦法孔子其智識之

相越何啻百倍然亦有辨騶牙之出者有達重常之奇者有究貳負之詭者有別豹鼠之異者漢以後又有能察劒氣者有能曉角端者數子之見亦通朗矣不識與孔子之多能可庶幾否歟孔門稱好學而傳博文之教者顏子一人而已今考其遺書曰潛心曰如愚而所博之學不少概見豈孔子有所隱而不盡傳之歟或資雖近道而學不博綜將出

春秋數子之下即漢晉人亦弗若歟抑
其所博者自有在也諸生彊學待問有
年矣願以前所詢者攄蘊以對

問士君子之窮經術所以經世也試以今
天下所最切而可慮者商之夫天生五
穀以資生也其生五金以待用也皆本
之五行以運布於天下五行未嘗有闕
而說者乃謂金無餘氣豈金或有所闕
而世之金遂亦因之歟然五穀木屬也

又何以有不足歟昔人有言明君貴五
穀而賤金玉又云天地生財不在官則
在民是五穀與金賤貴相低昂也其在
官在民勢亦相為盈虛也顧今之時歲
有豐歉穀既不常盈宜金或有餘矣而
亦往往告匱將何所重而後可歟天下
方多事府庫不充司國計者至為一切
補捄之術亦尚未充也而閭閻困詘又
啄稱曰民力盡矣豈在官在民之說不

足信歟頃者

皇上軫念農事加意國儲每春和即下

詔勸耕一遇水旱輒竭虔祈禱靈供億慎予

賚雖

上用之所須猶數稽裁之計歲所省不下數十

萬所謂豐源節流之道至矣而奉行

德意則在有司意者有所未至歟夫興一利不

若除一害藏富於國不若藏富於民玆

欲去其害穀與金者俾上與下兩利而

俱足果何施而後可耶爾諸生明於利

害之故羸縮之情其必有以畫此矣執

事者願聞其說

問功以才立名以功彰昔人所以建旂常

之勲而垂竹帛之譽良有由也然亦有

才猷未試功烈未究而褎然負天下之

望者何耶試畧評之偃息而樊魏談笑

而郤秦比量於千頃之陂寄跡於一絲

之釣者皆甘於儉德遠於榮名而當世

推之後世以爲賢也豈亦有以自見者耶奮興劉之志成輔晉之功其所樹立固亦俊偉而始焉勤三顧於南陽來徵書於東山抑何所自耶至於僅宮省闥而強宗寢其邪謀方下相麻而重臣損其騶從戡亂正俗甚易易也果何道以致之耶即如志先於憂樂誠信於華夷者雖今之僕夫孺子莫不誦德美想風采而在當時方爲秀才爲諫議政府未

登與情咸屬此又何以也豈其素所挾持者固自有在而勲名之超卓不專待於才耶彼望繫蒼生識者輕之功成大將敵人易之則名與才似皆不足恃也君子之欲懋宏業流芳譽者宜何所適從耶將砥礪之節經綸之具預養而兼全古之人必有可法者矣諸士博覽遺編景行往哲所學之大宜無出於此者請遂言之以觀尚友之志

問古今言學者必貴用世嘗覽載記蘇秦起閭巷說六國指其國中阨塞虛實如指掌賈誼自洛陽見漢文言諸侯强盛當割後皆如誼言韓信自追所還勸高祖入關取三秦弱項羽卒用信策夫蘇君說客賈生少年韓淮陰武夫固儒者弗道而其言皆售豈其於天下大勢有所獨見歟乃諸士固為用世來也其大勢將有可言者歟今在北邊東有薊鎮

西有宣大二鎮此三鎮最急昔宣大督
臣屢議設垣墻塹堡之險今可擬以拒
虜歟又有欲大城
京後者亦可行歟經畧薊鎮者以為先拊循
三衛內服而後可外禦然歟又有謂薊
鎮邊獨長而古北諸口最要備寡則力
弱防弛則勢殆欲多設兵屯可歟曩倭
夷實首難浙直閩廣歲幸漸休息而又
千里被水患民無寧居茲寇轉而之閩

廣急矣頃江右尤急有司日以警聞此
何以乂安之歟夫武備日弛而寇患充
斥非練兵不可濟茲可舉而行之否歟
上明聖詔旨嘗切責諸臣當事者宜訓練有序
矣而未臻厥效何歟或言南北勢殊所
為練者不同然歟或又言北當責將帥
而南當責守令果若是異歟又別有究
極根本之論歟在古聖世未嘗無蠻夷
寇賊之患貴制禦有道耳其陳之毋忽

中式舉人三百名

第一名王錫爵 直隸太倉州人監生 春秋

第二名成鍾音 順天府遵化縣學生 詩

第三名葉啓直 直隸無錫縣學生 易

第四名楊州民 山西蒲州人監生 禮記

第五名葉賁 福建莆田縣儒士 書

第六名余有丁 浙江鄞縣人監生 易

第七名駱登瀛 直隸宣城縣人監生 詩

第八名項鈳　浙江嘉善縣學生　書

第九名莊國禎　福建晉江縣人監生　易

第十名宗弘暹　浙江嘉興縣人監生　春秋

第十一名陳文燧　江西臨川縣學增廣生　詩

第十二名舒應龍　廣西全州學增廣生　禮記

第十三名沈懋孝　浙江平湖縣學生　易

第十四名監賢　江西湖口縣學生　書

第十五名徐一忠　浙江慈谿縣學附學生　詩

第十六名張忝忠　浙江秀水縣學生　書

第十七名張廷臣 廣東番禺縣人監生 詩

第十八名薛東海 山西石州人監生 易

第十九名葉蕃 浙江遂昌縣人監生 詩

第二十名李臺 浙江壽昌縣人監生 易

第二十一名周標 福建泉州府學生 書

第二十二名崔鏞 陝西榆林衛人監生 詩

第二十三名顧澤 直隸長洲縣人監生 易

第二十四名郭棐 廣東南海縣人監生 詩

第二十五名任春元 浙江餘姚縣學附學生 春秋

第二十六名劉大紀　江西進賢縣學附學生　詩

第二十七名鄒廷望　湖廣新化縣人監生　易

第二十八名徐時行　直隸吳縣學生　書

第二十九名董原道　四川重慶府學生　詩

第三十名呂雚　湖廣零陵縣人監生　禮記

第三十一名徐元氣　直隸宣城縣人監生　易

第三十二名胡價　湖廣宜城縣人監生　詩

第三十三名吳維京　浙江安吉州學生　書

第三十四名馮敏功　浙江平湖縣學生　春秋

第三十五名趙　睿　直隸涇縣人監生　詩

第三十六名許孚遠　浙江德清縣學生　書

第三十七名郭諫臣　直隸長洲縣人監生　易

第三十八名王　楨　江西南昌縣學附學生　詩

第三十九名徐　栢　福建浦城縣人監生　書

第四十名杜　輅　山東泗水縣學生　詩

第四十一名丁應璧　山東壽光縣人監生　易

第四十二名畢近臺　直隸貴池縣學增廣生　詩

第四十三名周　禧　湖廣蘄州人監生　書

第四十四名李鶚 直隸靈壽縣人監生 詩

第四十五名袁三接 廣東番禺縣學附學生 易

第四十六名王時舉 錦衣衛人監生 詩

第四十七名傅文藻 浙江鄞縣人監生 易

第四十八名項思教 浙江臨海縣學生 詩

第四十九名張國彥 直隸邯鄲縣人監生 春秋

第五十名史詡 江西永新縣人監生 易

第五十一名鄭[illegible] 浙江海鹽縣人監生 書

第五十二名王篆 湖廣夷陵州人監生 詩

第五十三名李承緒　江西永新縣人監生　易
第五十四名鍾振　廣東合浦縣人歲貢生　詩
第五十五名項篤壽　浙江嘉興府學生　書
第五十六名蒙詔　廣東番禺縣人監生　詩
第五十七名祝以敬　江西上饒縣人監生　書
第五十八名游季炎　江西豐城縣人監生　詩
第五十九名陳希文　浙江錢塘縣人監生　易
第六十名田咸法　湖廣蘄州人監生　詩
第六十一名李材　江西南昌府學增廣生　春秋

第六十二名鍾繼元 浙江桐鄉縣人監生 書

第六十三名李可久 山西陽城縣人監生 易

第六十四名王問臣 直隸長洲縣人監生 禮記

第六十五名李　汶 直隸任丘縣學增廣生 書

第六十六名鮑尚伊 直隸歙縣學附學生 詩

第六十七名倫　文 廣東順德縣人監生 易

第六十八名王學古 陝西朝邑縣人監生 詩

第六十九名徐廷綬 浙江淳安縣學生 春秋

第七十名齊　康 直隸永年縣人監生 詩

第七十一名王錫命　浙江秀水縣學生　易
第七十二名王嘉言　直隸江陰縣人監生　詩
第七十三名周角　江西吉安府學附學生　書
第七十四名郭文和　金吾左衛人監生　易
第七十五名卜相　浙江嘉興縣人監生　書
第七十六名蔡一楠　福建漳浦縣人監生　詩
第七十七名吳從憲　福建泉州府學附學生　易
第七十八名陳大章　浙江鄞縣學生　詩
第七十九名陳邦顏　福建泉州府學生　禮記

第八十名劉世曾 四川巴縣學生 易

第八十一名陳有年 浙江餘姚縣人監生 書

第八十二名鍾崇文 江西南昌府學生 詩

第八十三名王續之 四川順慶府學生 易

第八十四名劉仕階 江西南昌府學生 詩

第八十五名張應治 浙江嘉興府學生 書

第八十六名鄭惇典 福建福州府學附學生 易

第八十七名楊汝允 江西南昌府學生 詩

第八十八名黃文煒 江西建昌府學增廣生 易

第八十九名席上珍 陝西南鄭縣學生 書

第九十名賈仁元 山西萬泉縣學生 易

第九十一名郭[illegible] 福建同安縣學附學生 詩

第九十二名王乾章 浙江東陽縣學生 春秋

第九十三名郭良 福建惠安縣學生 詩

第九十四名戴濂 浙江麗水縣人監生 易

第九十五名陳洙 福建長樂縣學附學生 詩

第九十六名楊曰明 湖廣武陵縣學附學生 書

第九十七名徐學古 河南洛陽縣學生 詩

第九十八名陳學伊 福建南安縣學生 易

第九十九名周希旦 直隸旌德縣人監生 詩

第一百名廖際可 直隸盧龍衛人監生 書

第一百一名王澤 順天府學附學生 春秋

第一百二名諸察 浙江餘姚縣學附學生 易

第一百三名吳嘉言 直隸成安縣學生 詩

第一百四名鍾穀 浙江上虞縣學附學生 易

第一百五名王嘉祥 山東華縣人監生 詩

第一百六名孫坤 河南睢州學生 書

第一百七名謝表　浙江錢塘縣人監生　易

第一百八名饒仁侃　湖廣崇陽縣學增廣生　禮記

第一百九名費堯年　江西鉛山縣學生　書

第一百十名薛德綂　福建福清縣學生　詩

第一百十一名張璇　浙江象山縣學生　易

第一百十二名樊世緒　順天府霸州學生　書

第一百十三名劉田　河南南陽衛人監生　易

第一百十四名黃學海　遼東左屯衛學生　春秋

第一百十五名沈玄華　浙江秀水縣學生　書

第一百十六名李學道　浙江東陽縣學生　詩

第一百十七名吳鎮　順天府學附學生　易

第一百十八名任湸　山西猗氏縣人監生　詩

第一百十九名李惟觀　四川瀘州學生　書

第一百二十名陳應春　福建長樂縣學附學生　詩

第一百二十一名曹子登　直隸三河縣人監生　易

第一百二十二名唐鍊　湖廣常德府學生　春秋

第一百二十三名劉繼文　直隸靈壁縣人監生　易

第一百二十四名朱潤身　應天府江寧縣人監生　詩

第一百二十五名吳焯　廣西賓州人監生　禮記

第一百二十六名張守中　直隸高郵州人監生　書

第一百二十七名柴崇義　山西安邑縣學生　詩

第一百二十八名吳善　福建龍溪縣學生　易

第一百二十九名王宇　山西河東運司學附學生　詩

第一百三十名曾璠　湖廣承天衛人監生　易

第一百三十一名潘民模　湖廣襄陽縣人監生　詩

第一百三十二名沈廷觀　直隸吳江縣人監生　春秋

第一百三十三名王宗載　湖廣京山縣學增廣生　詩

第一百三十四名　徐用檢　浙江蘭谿縣學附學生　易
第一百三十五名　陳于階　順天府遵化縣人監生　詩
第一百三十六名　李復聘　陝西盩厔縣學生　書
第一百三十七名　劉　泮　直隸江都縣人監生　易
第一百三十八名　凌　琯　直隸歙縣人監生　詩
第一百三十九名　朱朋求　浙江上虞縣人監生　禮記
第一百四十名　鄭　欽　直隸涇縣人監生　書
第一百四十一名　莫天賦　廣東海康縣人監生　易
第一百四十二名　侯恩古　浙江臨海縣人監生　詩

第一百四十三名胡嘉謨　陝西涇陽縣人監生　書

第一百四十四名劉早　山東膠州人監生　詩

第一百四十五名梁綱　山西稷山縣人監生　易

第一百四十六名彭範　四川漢州人監生　詩

第一百四十七名劉翺　四川內江縣學附學生　春秋

第一百四十八名王謨　河南潁川衛人監生　易

第一百四十九名吉大同　直隸開州學生　書

第一百五十名賈應元　順天府遵化縣學附學生　易

第一百五十一名李寅賓　直隸婺源縣人監生　書

第一百五十二名楊鎔　四川榮縣學附學生　詩

第一百五十三名劉時秋　順天府寶坻縣人監生　易

第一百五十四名俞南金　浙江平湖縣人監生　書

第一百五十五名呂一靜　直隸貴池縣人監生　詩

第一百五十六名錢貢　浙江桐鄉縣人監生　易

第一百五十七名艾杞　陝西米脂縣人監生　春秋

第一百五十八名陳燁　山東諸城縣人監生　詩

第一百五十九名李芳　浙江嘉興縣人監生　易

第一百六十名王承芳　陝西寧羌衛人監生　詩

第一百六十一名張從律　直隸華亭縣學附學生　書
第一百六十二名穆文熙　直隸東明縣學生　詩
第一百六十三名朱　汰　浙江鄞縣人監生　易
第一百六十四名王同讃　福建晉江縣人監生　禮記
第一百六十五名王嘉賓　山東滕縣人監生　詩
第一百六十六名周思充　浙江餘姚縣學生　書
第一百六十七名馮　會　四川南部縣學生　易
第一百六十八名趙　岩　浙江崇德縣學增廣生　詩
第一百六十九名楊世華　浙江餘姚縣人監生　書

第一百七十名史樌 浙江紹興府學附學生 詩

第一百七十一名馬文煒 山東安丘縣學生 易

第一百七十二名蔣致大 直隸武進縣學附學生 詩

第一百七十三名譚啓 四川大寧縣學生 易

第一百七十四名蔚元康 河南祥符縣學附學生 春秋

第一百七十五名牛應龍 順天府固安縣人監生 詩

第一百七十六名王汝梅 直隸安肅縣人監生 書

第一百七十七名郭崇嗣 直隸肥鄉縣人監生 詩

第一百七十八名鄧永春 直隸長垣縣學生 易

第一百七十九名王之垣　山東新城縣學生　詩

第一百八十名何文維　遼東都司學生　書

第一百八十一名喬應春　順天府學生　詩

第一百八十二名陳學曾　順天府遵化縣學生　易

第一百八十三名李勳　旗手衛人監生　詩

第一百八十四名周詠　河南延津縣學生　書

第一百八十五名仇昃　山西長治縣人監生　禮記

第一百八十六名孫應元　湖廣承天府學生　詩

第一百八十七名林喬相　福建泉州府學附學生　易

第一百八十八名　羅青霄　四川忠州人監生　詩

第一百八十九名　李　椽　江西豐城縣人監生　書

第一百九十名　王　爕　浙江山陰縣學增廣生　易

第一百九十一名　陳文謨　浙江慈谿縣人監生　詩

第一百九十二名　王同道　湖廣黃岡縣學生　易

第一百九十三名　萬振孫　直隸廬州府學生　詩

第一百九十四名　丘　騰　湖廣沔陽州學生　書

第一百九十五名　林　烴　福建閩縣人監生　春秋

第一百九十六名　曹[illegible]　湖廣武昌府學生　詩

第一百九十七名許天琦　福建晉江縣人監生　易

第一百九十八名吳孔性　浙江遂昌縣人監生　詩

第一百九十九名李繼嗣　湖廣蘄水縣學附學生　易

第二百名李與善　山東長清縣人監生　詩

第二百一名翟繡裳　山西聞喜縣學生　禮記

第二百二名戚于國　浙江秀水縣人監生　書

第二百三名楊愈茂　陝西安化縣人監生　詩

第二百四名吳一本　湖廣沔陽州學增廣生　易

第二百五名艾可久　直隸上海縣學附學生　春秋

第二百六名蕭大亨　山東泰安州學生　書
第二百七名單訥　直隸棗強縣人監生　易
第二百八名陳大壯　直隸通州學生　詩
第二百九名范愛衆　順天府遵化縣學生　書
第二百十名武尚賢　順天府永清縣人監生　易
第二百十一名潘允端　直隸上海縣人監生　禮記
第二百十二名王廷簡　四川邛州學生　詩
第二百十三名林梓　浙江錢塘縣學附學生　易
第二百十四名隗邦衡　湖廣潛江縣學生　詩

第二百十五名陳烈　福建建安縣學生　春秋

第二百十六名徐作　江西南昌縣學附學生　詩

第二百十七名張問明　山西猗氏縣學生　書

第二百十八名吳一琴　直隸成安縣學生　詩

第二百十九名蔡可賢　直隸成安縣人監生　易

第二百二十名朱崇道　山東費縣人監生　詩

第二百二十一名王倅　浙江嘉興府學增廣生　書

第二百二十二名史文龍　直隸武進縣人監生　詩

第二百二十三名蘇愚　直隸如皐縣學生　禮記

第二百十四名孫振宗　福建晉江縣人監生　易

第二百十五名洪忻　山西蒲州人監生　書

第二百十六名劉珮　山西盂縣學生　詩

第二百十七名張希召　山東高苑縣人監生　春秋

第二百十八名張國讌　福建晉江縣學附學生　易

第二百十九名陳楠　浙江奉化縣學增廣生　詩

第二百二十名朱應時　羽林左衛人監生　易

第二百二十一名李松　順天府大城縣學增廣生　書

第二百二十二名徐養大　河南睢州學生　禮記

第二百三十三名陳順正　浙江慈谿縣學附學生　詩
第二百三十四名王廷輔　江西浮梁縣學生　易
第二百三十五名萬廷言　江西南昌府學生　詩
第二百三十六名張允濟　順天府固安縣人監生　書
第二百三十七名雷大壯　河南上蔡縣人監生　詩
第二百三十八名李苘　山東壽光縣學增廣生　易
第二百三十九名栗祁　山東夏津縣學附學生　書
第二百四十名李崧　陝西秦州學生　詩
第二百四十一名張崇倫　湖廣應城縣人監生　易

第二百四十二名 蔣機 江西豐城縣學附學生 詩

第二百四十三名 劉寅 直隷博野縣人監生 書

第二百四十四名 佘立 廣西柳州府學增廣生 詩

第二百四十五名 王叔杲 浙江永嘉縣人監生 禮記

第二百四十六名 程文著 直隷婺源縣學生 易

第二百四十七名 王宜 福建莆田縣學附學生 詩

第二百四十八名 李學惠 直隷易州人監生 書

第二百四十九名 龍化 湖廣長沙府學增廣生 詩

第二百五十名 楊子實 直隷河間縣學附學生 易

第二百五十一名彭富　雲南大理衛人監生　詩
第二百五十二名皮㳄譙　河南羅山縣學教諭　春秋
第二百五十三名段繡　山西蒲州學附學生　易
第二百五十四名呂晉峒　直隸桐城縣學附學生　書
第二百五十五名陳俊　廣東南海縣學生　詩
第二百五十六名丁誠　山西河東運司學生　易
第二百五十七名高顯益　江西南昌縣學附學生　禮記
第二百五十八名魏㳄冀　陝西涇陽縣人監生　詩
第二百五十九名徐上　四川涪州學生　易

第二百六十名闕繼禹　四川南溪縣人監生　詩
第二百六十一名張峅　直隸開州人監生　書
第二百六十二名滕伯輪　福建甌寧縣學生　易
第二百六十三名蹇達　四川重慶府學生　書
第二百六十四名趙應元　直隸六安州學訓導　易
第二百六十五名戚元佐　浙江嘉興縣人監生　春秋
第二百六十六名張九歌　山東曹州學生　詩
第二百六十七名臧時選　錦衣衛人監生　易
第二百六十八名趙可鋊　四川瀘州學附學生　書

第二百六十九名孫以仁　山東登州衛人監生　詩
第二百七十名孫光祐　山西絳州學生　易
第二百七十一名馬明謨　直隸廣平縣學生　書
第二百七十二名任惟鐘　四川巴縣人監生　易
第二百七十三名陳三綱　浙江鄞縣學附學生　禮記
第二百七十四名陳賢　四川蒼溪縣學增廣生　易
第二百七十五名鄧宗孔　廣西太平府學生　書
第二百七十六名周浩　浙江杭州府學生　易
第二百七十七名趙體敬　山西太谷縣人監生　詩

第二百七十八名楊成名　福建建安縣人監生　易

第二百七十九名劉淳　河南陳州學生　春秋

第二百八十名秦崢　直隸長垣縣人監生　易

第二百八十一名黃思近　福建南安縣學增廣生　書

第二百八十二名祝尚義　騰驤左衛人監生　詩

第二百八十三名蔡叔達　河南衛輝府學生　易

第二百八十四名陳憲　山東萊陽縣人監生　禮記

第二百八十五名王納言　直隸武進縣人監生　詩

第二百八十六名楊柟　雲南太和縣人監生　書

第二百八十七名宋守約　山西潞安府學生　易
第二百八十八名楊文明　江西南昌縣學附學生　詩
第二百八十九名辛應乾　山東安丘縣人監生　易
第二百九十名王以繡　順天府文安縣學生　詩
第二百九十一名嚴鎡　光祿寺人監生　易
第二百九十二名陳謨　湖廣麻城縣學生　春秋
第二百九十三名閻世選　直隸故城縣人監生　易
第二百九十四名蕭守身　河南懷慶衛人監生　詩
第二百九十五名丘承祖　四川成都府學生　易

第二百九十六名張　鑄　陝西武功縣人監生　詩

第二百九十七名王　葦　山東陽信縣人監生　禮記

第二百九十八名劉之蒙　順天府霸州人監生　書

第二百九十九名張應福　直隸魏縣學生　春秋

第三百名陳廷芝　順天府學附學生　詩

第壹場

四書

事君能致其身

成鍾音

同考試官主事羅　批人臣致身事君此作明
暢精切宜錄以式

同考試官都給事中張　批此作說人臣致身之心
明盡可誦

同考試官都給事中丘　批致身事君此人臣之心

也是作體認親切造語精當發盡誠意透徹非
懷忠藎者不能宜式多士

同考試官編修胡　批　發揮人臣事君之心精
切而詞復雅馴可式

同考試官編修王　批　此作發揮人臣致身之
義精確懇到蓋真能允蹈者

考試官學士董　批　發致守義有獨見必能
盡忠者取之

考試官大學士袁　批　誦其文忠義之心勃然

賢者言人臣誠以事君而克盡匪躬之義焉夫
人臣而自有其身事君必不誠也能致其身則
能致其誠於君矣其斯以為人臣之心乎昔子
夏居聖門文學之科故示人以學問之要曰君
子之於學求以盡倫也君子之於倫求以盡誠
也人倫莫大於事君而可以弗誠乎今夫君臣
天下之大分也以臣事君天下之大義也分之
所在則君尊臣卑身不可不役於君也義之所
在則君逸臣勞力不可不出於身也為人臣者

誠能知受君之爵非為其寵榮已也以身許之則以身委之矣食君之祿非為其利養已也身既在君則身非在我矣是故有官守者則知無不為為無不力顧天下之休戚而身所不暇顧也有言責者則知無不言言無不盡計國家之利獘而身所不及計也是非不愛其身也君為重則身為輕彼固知所擇矣亦非自忘其身也君為貴則身為賤蓋已審之熟矣是之謂不貳心之臣士之惇倫而知學者也子夏明此以立

教深哉記有之曰子夏聖門之高弟也入見夫
子之道而說蓋其篤信聖人曾子而下鮮或之
及故其所述稱者皆確守師說而致身一語固
聖人事君以忠乎出也夫盡心之謂忠盡誠之
謂致身身心合一人臣之大訓也人能口誦心
惟而允蹈之尚何臣節之不貞臣道之不淑哉
吁以此為防而後世猶有私便其身圖者

悠久無疆

華啓直

同考試官署郎中吳　批莊重典雅精於中庸義
者錄之

同考試官檢討吳　批體格渾厚語意精密文
之極佳者

同考試官編修張　批以雄健之詞而發真切
之見非老學不能到

同考試官修撰丁　批詞氣古雅思致不凡宜
錄以式多士

考試官學士董　批說聖人與天地同體處得旨

考試官大學士表　批　善發天地聖人之蘊

至誠功業之極與天地相為無窮焉夫天地之道貞觀者也至誠而極于悠久矣其不與天地為無窮哉中庸此章言天道也若曰論道者必本于天地論功業者必歸于聖人今聖人之至誠也自其積之而為博厚固足以配地矣然非一時之積而已也自其發之而為高明固足以配天矣然非一時之發而已也積之不已而大順所敷有以成優柔平中之化發之不已而至

治所及有以垂長永貞固之休自其博厚之體而至靜有常地之無疆本如是者聖人之博厚則引之不見其始要之不見其終實與坤元而無間焉自其高明之體而運行不息天之無疆本如是者聖人之高明則推之莫測其端究之莫測其至實與乾元而無貳焉是蓋萬古常存者天地也萬世永賴者聖人也三才于是而並立宰持萬古者天地也撫御萬世者聖人也三極于是而同歸此天地自然之體非聖人有所

強而合也至誠功業之極一至是哉大抵天地
生聖人以賛化聖人參天地以成能自帝王以
下皆天地所命也彌綸其道而輔相其宜天地
之有資于聖人弘矣故命之以位實作天地之
主本之以誠實立天地之心其相爲無窮宜矣
文王以民力爲臺爲沼而民歡樂之謂其
臺曰靈臺謂其沼曰靈沼
王錫爵
同考試官檢討馬　批　思逸語粹發周民愛君

意出是文之最優者

同考試官侍讀汪　批　模寫周民歡樂之意宛然在目而詞復警拔可以式矣

考試官學士董　批　詞意脫化讀之灑然

考試官大學士袁　批　說周民愛戴文王處有味哉

聖君之役民得其心而又得其名也甚矣文王得民之深也其趨事也樂其稱名也美非至德而能若是乎孟子明賢者後樂之意若曰不忍用民之力者聖人之心也顧國有不容已之役

雖聖人亦不得以遂其心盡亦觀諸文王乎今
夫臺也者察符瑞而候禨祥者也文王嘗以民
力爲臺焉沼也者時觀游而節勞逸者也文王
亦嘗以民力爲沼焉夫役民之力能使民忘其
勞亦難矣安能得其懽乎文王之民吾見載色
載笑翕然其交懽也能使民從其令亦足矣安
能致其樂乎文王之民吾見以夷以懌油然其
胥樂也同心以相懽自同力以相濟同情以相
樂自同聲以相勸臺沼宜成於不日矣民曰吾

王之德通于神明素矣而是臺之崇不疾而速
蓋神謀之成能非百姓之與能也名以靈臺不
可以彰默相之妙耶又曰吾王之澤洽于神人
和矣而是沼之濬勿亟而就蓋神化之感通非
人力之所通也名以靈沼不可以表幽贊之功
耶是知文王不咈民以從欲故必得其心也罔
違道以干譽故必得其名也賢者後樂不於聖
人徵之乎嘗觀之傳曰文王厚德而廣惠含良
而布恩當時萬物不失其性天下不失時以成

萬材乃知周民怙至仁濡渥澤真猶父母之孔邇也故臺池之役民將捐畊鑿而趨之及其成也喜色相告而援神以美其名逮今誦靈臺之詩而當時愛戴歡樂之情猶可想見太和在成周不信然哉

易

元吉在上大成也

余有丁

同考試官署郎中吳　批　醇正明達宛然王道大

成氣象

同考試官檢討吳　批　刊落陳言而奇思溢出
是有心得者

同考試官編修張　批　理趣精深規模宏大易
義之最善者

同考試官修撰丁　批　認理精切措詞古雅可
以爲文矣

考試官學士董　批　挑剔語意明白可取

考試官大學士袁　批　說井道大成有奧思

聖人舉井上爻之占而贊其爲王道之極焉夫
王道以天下各得其養爲極至也上爻之元吉
以之宜聖人深致其贊歟象傳之意若曰人君
之養天下也固貴乎盡其道而尤貴乎得其時
道有未善則治有所阻不可以言成也時有未
值則化有所限不可以言大成也今謂之元吉
是其于道也既以得井養之義矣元吉而在上
是其于時也又復當井養之終矣吾見出于朝
廷者德意充周既無不被之澤施于海宇者仁

恩浹洽自無不獲之民由庶而富也由富而教也法制品節之詳已至而極其至由動而變也由變而化也鼓舞作興之術已深而極其深是蓋上之養民如天之無不覆如地之無不載蕩蕩乎各適其願曾靡有于或遺民之見養于上如育于天之覆如育于地之載皞皞乎各遂其生又何有于不足信乎盡善盡美而不可以復加矣非養道之大成而何然則取法于井者亦以是而考其成焉可也雖然周公于上爻之元

吉而必先之以有孚何哉盖王道本于誠意而
中庸論叅賛化育必歸于至誠至誠者孚之極
也故堯以允恭而成萬邦協和之治舜以允塞
而致四方風動之休二帝爲王道之成皆誠爲
之本也此又不可不知

天地設位聖人成能

莊國禎

同考試官署郎中吳　批　體格正大詞理明粹易
義如此絕少

同考試官檢討吳　批　體認真切而詞復雅
健必深於易者
同考試官編修張　批　精潔無一閒語而發
揮曲盡可式
同考試官修撰丁　批　文思精純筆力高古
邃於易者也敬服敬服
考試官學士董　批　文不浮泛蓋善體易者
考試官大學士袁　批　文雅馴可味佳士也

天地具易之理而聖人有以成其功焉夫天地

設位而易行乎其中矣成其能者不有待于聖人乎大傳之意若曰聖人之于造化也固不假易以知其理尤必作易以贊其功是故積陽之氣而確然示人者天也天則位乎上焉積陰之質而隤然示人者地也地則位乎下焉對待之體立而一闔一闢自有以寓推行之漸盈虛消息已于此乎開其先矣高卑之極陳而一升一降自有以運訢合之機絪縕摩盪實于此乎啓其兆矣夫天地設位固易理之原也然垂法象

之顯者雖在于天地而洩造化之秘者實資于聖人于是聖人本乾坤自然之理而模寫于書以致彌綸之道察變化形見之端而發揮于易以成參贊之功立象以盡意聖人之精也而實所以闡天地之精以體其撰焉以效其動焉開物成務而天地之心盡矣繫辭以盡言聖人之蘊也而實所以究天地之蘊以極其深焉以研其幾焉通志成業而天地之事畢矣非聖人成天地之能而何哉雖然聖人非有所加于天地

也天地無心而成化聖人有心而無爲惟無心也故具其理而未發者天地之道也惟有心也故發其理而示人者聖人之功也論功雖顯于聖人而論道則本于天地要之聖人之功皆天地之功也故曰聖人與天地爲一

書

光被四表格于上下

項鉰

同考試官署郎中許　批　理趣渾融氣格高雅形

容堯德殆盡

同考試官檢討陸　批　詞理精深規模闊大場中如此作者絶少

同考試官編修姚　批　虞史贊堯語意模寫曲盡

同考試官右諭德唐　批　峻整簡重宛見帝堯巍然氣象

考試官學士董　批　詞暢而理精是深于書義者

考試官大學士表　批　堯德無能名此足以名矣

史臣贊帝德之廣運以見其功之極也甚矣聖人德盛而化神也則其四表之被上下之格固宜矣此史臣贊放勳之大也今夫言帝王之治者至堯而極言帝王之德者亦至堯而極何則人君宅中而制外則四表之遼邈皆其所統御也使德未光大吾見有所及亦有所不及矣堯則有以顯被之焉惟其積之也淵乎其不匱故其發之也煥乎其有章自西自東疆域若是廣

也而照臨之下無一處而不仰其明自南自北
幅幁亦既長也而丕冒之餘無一夫而不蒙其
澤是蓋遠而有外者四表之地大而無外者聖
人之德堯其通天下為一身乎人君體元而成
位則上下之寥廓皆其所範圍也使德未充周
吾見有所至亦有所不至矣堯則有以昭格之
焉惟其性之立也渾乎其悉備故其功之著也
巍乎其有成天之所覆莫能窮其際也而所以
貫徹之者通於高明而不禦地之所載莫能測

其涯也而所以彌綸之者達於博厚而不遺是蓋不可強同者上下之形所可合同者聖人之化堯其以天地為一體乎吁此謂盛德大業放勲之所以為極也大哉帝堯斯其至矣雖然堯之功豈惟被格一時已哉蓋數之所乘遇者天地之中道之所允執者天下之中夫中者通三極而一之者也以此闡羲黃之繹則功光千古矣以此衍舜禹之傳則功被萬世矣信乎得理數之中而獨當其盛也說者以堯之治際先天

後天之會其知言哉

曰雨曰暘曰燠曰寒曰風曰時五者来備各以其敘

葉吉賓

同考試官署郎中許　批發明五氣之說辭典而意到是潛心經學者

同考試官檢討陸　批莊嚴縝密善發庶徵之蘊

同考試官編修姚　批精切明瑩其邃於天人

之學者歟

同考試官右諭德唐　批體貼箕子陳疇與旨而以古雅宏健之詞發之非學識俱優者不能到也可錄

考試官學士董　批發得意義明白

考試官大學士袁　批是究觀天人之際者錄之

君子列五氣之運而因著其氣之順焉蓋五氣在天而運之者時也備而且序其斯以為順乎此箕子陳疇於武王之意也若謂欲知庶徵之

驗當考之于天人之間是故陰陽之互爲其根而五行于是乎生焉五行之迭相爲運而五氣于是乎布焉潤而爲雨霽而爲暘萬物之以澤以烜者取于是矣舒而爲燠凝而爲寒噓而爲風萬物之以長以藏以動者取于是矣然絪緼摩盪氣機有一定之期屈伸往来造化有自然之候不曰時乎是固在天者矣而其徵之于人也則合五者而言之有所謂備焉分五者而言之有所謂敘焉自其合也足于此亦足于彼森

然並至而實有以會其全自其分也無所先亦無所後藹然太和而各有以當其則其循環無端者其推行有漸也其妙合無間者其並行不悖也蓋默運于天者順應于人而感召之機寓矣君天下者可不于此而省驗之哉抑省驗之道固在推天以徵之人矣而善事天者則不泥于是焉蓋聖人所自盡者人而所不取必者天既自盡矣天之順耶固理之常而聖人不敢恃也其未順耶固數之變而聖人不敢忽也是以

其德之感于天者益深而天之應之也益至古
帝王之所以格天者在此也必如是而後可與
言洪範之義

詩

似續妣祖築室百堵西南其戶爰居爰處
爰笑爰語

殷登瀛

同考試官主事羅　批　發明周宣中興復古之
盛無踰此作

同考試官都給事中張　批　宣王中興德業氣象是作發明殆盡

同考試官都給事中丘　批　鋪敘森整造語遒健發出周家中興之盛可取

同考試官編修胡　批　春容整潔雅義正當如此

同考試官編修王　批　詞義嚴整末歸重中興得體

考試官學士董　批　精切明典讀之躍如

考試官大學士袁 批 文足以發難顯之詞子其人也

詩人美王者嗣先作室而因以樂其成焉甚矣君子念始之者也周王嗣祖以作室而居身之樂因之其美不可須哉詩人之意蓋謂王者之居室固以立四方之極而亦以彰一人之孝何也宅中圖大而克定厥家妣祖之垂裕後昆者遠矣吾王念燕翼之休求以善繼其志而堂構之勞弗可已也思締造之勤求以善述其事而

鼎新之業所當興也夫天子之宮其室非一則
合百堵而築焉以辨內外極其規模之大也天
子之室其戶非一則分西南而列焉以利出入
盡其法制之詳也是室作而嗣祖之孝隆矣樂
成不因之哉吾王高拱穆清居處貴得其所也
今則涖明堂而出治顒昂之象肅焉就路寢以
即安宥密之神願焉蓋昔妣祖之上下於庭陛
降於家者皆於是而繩其武矣吾王和德於上
笑語必有所適也今則而康而色弛以濟乎其

張焉如絲如綸言以宣乎其心焉蓋昔妣祖之泮奐爾游優游爾休者皆於是而衍其慶矣夫一作室也以繼先而孝道昭以樂成而王制備中興之烈不其偉哉抑宣王之所以善是室者有道焉雲漢敬天庭燎勤民其本也鴻鴈安宅其基也車攻講武其垣墉藩茨也而方叔召虎吉甫申伯諸臣又其楨榦也則夫內修外攘以復文武成康之業宜矣噫此斯干之室所以與宅鎬營洛者媲美歟

顯顯令德宜民宜人受祿于天

陳文燧

同考試官主事羅　批　說出周臣愛君之忱宛若躬逢其盛者

同考試官都給事中張　批　頌君德之盛明感應之道無踰此篇

同考試官都給事中丘　批　講顯德受祿處逈出時作結用君臣相孚意尤見忠愛錄之

同考試官編修胡　批　用意精到措詞典實

而蒼然之色更有溢於言外者

同考試官編修王　批　王者明德格于上下
此作發揮殆盡而詞復俊雅宜式多士

考試官學士董　批　詞氣悠揚最得詩人之意

考試官大學士袁　批　發顯德受祿精密可誦

詩人美王者之明德協上下以承天休也夫君德莫大乎至明也王者備是德則天人之交與也非感通之必然哉假樂詩人之意若曰天佑我周至矣世有令王而世載令德其在今王厥

德不尤著乎吾見和順發其華而臨下有赫蓋天地將爲昭焉是于丕顯而作求之有以覲光文之耿光也篤實呈其輝而旁燭無疆蓋日月合其明焉是于丕承而緝熙之有以揚無競之大烈也吾王之德如此有不協于上下哉是故觀諸在野而民異其情難乎其宜之也然明德所感莫不尊親令之而即行也動之而即化也萬民和於野雍雍乎從欲之治矣觀諸在朝而人異其位亦難乎其宜之也然明德所孚罔不

祇若志焉以之同也道焉以之合也百官和於朝藹藹乎媚兹之忱矣夫天之所命徵諸民人而已天之所與徵諸福祿而已由是而純嘏錫焉繁祉介焉尊爲天子而祿以天下者將多益之矣非王之所昭受者乎戩穀綏焉罄宜集焉富有四海而祿食萬方者將永享之矣非王之所靈承者乎吁此可以見天人相與之際矣抑此詩也說者以爲答鳧鷖而作也今觀鳧鷖之篇四言福祿是君述己之福乎臣也而此詩曰

受祿曰百福曰無疆是臣祝天之福乎君也盛
時君臣相孚以德相契以心而見諸詩歌宛然
唐虞喜起之風此成康之際號稱極治而本固
源深姬籙之靈長實賴之後世有致治之美庶
幾成康者其於此詩之所咏何如耶

春秋

春正月公會宋公蔡侯衛侯于曹　夏四
月公會宋公衛侯陳侯蔡侯伐鄭桓公十
有六年

宗孟選

同考試官檢討馬　批說責宋處明盡而謹禮意自見於言外取之

同考試官侍讀汪　批斷制簡嚴聖人謹微之意著矣

考試官學士董　批得春秋以禮責宋之意

考試官大學士袁　批以謹禮正宋莊之罪得旨

春秋責大國易諸侯之序所以謹禮也蓋諸侯之爵在禮有定序也宋於蔡衛輙易之春秋得

不書之以示謹哉吾聞爵次定於王制儀命嚴於周官其不可紊也久矣宋何爲者而以意爲升降耶曹之會也謀伐鄭也戎行欲即蔡固先於衛矣鄭之伐也行曹之謀也壇坫未寒衛復先於蔡焉語其爵均之姬姓之侯也蔡之所以先衛者以叔度之封自武王始而胡可列於衛之下也遡其世均之文王之昭也衛之所以後蔡者以康叔之封自成王始而豈宜加於蔡之上也宋莊爲此無乃喜衛先至而進之以爲趨

事之勸懲蔡後至而抑之以爲不恪之懲乎殊不知禮有設儀辨位所以謹侯度也以主會而進退列國則大司馬所以等邦國者弗顧矣觀聽之駭其何以示衆庶哉禮有防微杜漸所以窒亂源也以私意而誘沮諸姬則大宗伯所以正邦國者弗恤矣僭踰之啓其何以令諸侯哉故春秋紀會曹伐鄭如其所爲而不革者彰蔡衛之失序以罪宋莊也而聖人謹禮之意見矣抑宋之伐鄭爲納突也彼果於爲不義者於葵

序乎奚責焉盖亂之所由生也儀位以爲之階自宋以向背爲崇卑莫之正也遂至許先邢齊先宋以強弱相上下矣又莫之正也遂至楚爭歃吳爭長而大防潰矣使宋莊率人以禮則諸侯無所效尤法制雖亡名分猶在吳楚即強大敢乎君子於會曹伐鄭之書而知聖人爲慮之遠也

公會晉侯宋公衛侯曹伯齊世子光莒子邾子滕子薛伯杞伯小邾子伐鄭會于蕭

魚襄公十有一年　甲午衛侯衎復歸于衛

襄公二十有六年

王錫爵

同考試官檢討馬　批　屬比整嚴末歸議晉

景上得傳意

同考試官侍讀汪　批　發揮題意明白是邃

於經學者

考試官學士董　批　文整意足錄之

考試官大學士袁　批　大道貫誠信春秋之志

也此作得之

觀誠信之能感人而伯主貴戚之美見矣此晉悼之誠以服鄭子鮮之信以喻喜皆春秋之僅見者歟且夫伯駢行成蕭魚所為會也説者謂晉悼之誠足以服人者何蓋晉常爭鄭以兵而鄭不服至是子展盟而禮囚歸叔肸遣而侵掠禁則推誠而不疑於鄭矣是故鄭自茲會惟晉是與雖三駕之後甘楚之執而不敢晉悼之背者非有所強也其誠有足懷耳不然反覆之國

尋盟尋叛其常也而何能久於晉耶噫大舜舞干羽而苗格以其誠在令外也悼之於鄭不亦庶幾也哉鱄喜約言衛獻所由歸也說者謂子鮮之信足以喻人者何盖鱄嘗從獻以出而圖其歸觀其營外取重於成叔言道見悦於臧孫則以賢而素信於人矣是故喜曰君歸必子鮮在雖千乘之君不重其盟而惟子鮮之重者非有所私也其信有足仗耳不然推輓之臣或出或守亦多矣而何獨取於鱄耶噫小邾射恃季

路而不盟以其信在言前也鱄之在衛不可同
語也哉是則觀悼之服鄭於不令也則知誠之
不可以已也觀鱄之喻喜於不言也則知信之
不可以已也晉景啓諸侯之貳不誠信是務而
顧盟蒲以要之春秋之譏之也有以哉雖然悼
得於撫鄭矣而失於懷陳鱄約喜於始矣而不
能庇喜於終何也喜之及難免餘之譖行也木
門之託亦戚矣有陳非吾事則士匄一人之言
耳豈戍陳之役知罃諸臣不與耶故為國以得

賢爲本而勸賢以去讒爲先

禮記

清明象天廣大象地

揚州氏

同考試官都給事中梁　批　精純冲邃迥異諸作

佳士也

同考試官編修呂　批　說象天象地處辭不

繁而意自足可取

考試官學士董　批　文氣充暢

考試官大學士表　批　文整而意盡

記者即樂之聲與體而擬諸天地焉夫清明廣大至于天地極矣而樂之聲與體象之此其所以為妙也歟且夫正樂之作人知其用之大也然不觀其法制之詳抑何以見其感通之本哉何則樂必有聲而聲之清明則象天焉夫穹焉窿焉超形器而獨存者天也樂之聲何以擬之蓋清明者天以之運其氣樂亦以之播其聲其究一而已矣八音之和動瑩然無所雜者即其

輕清上浮而不可踰也六律之昭宣皦然無所
叅者即其光明下濟而不容掩也是聲雖不可
以同天而語其清明之極則非天無以爲之象
者象天之聲其斯以爲聲之善乎樂必有體而
體之廣大則象地焉夫博也厚也合天德而無
疆者地也樂之體何以擬之蓋廣大者地以之
成其形樂亦以之立其體其揆一而已矣涵同
化之神範圍而不過者猶夫厚德載物莫能窮
其至也備倫理之衆無統而無遺者猶夫坤順

含弘莫能窺其際也是體雖不可以配地而語其廣大之極則非地無以爲之象者象地之體其斯以爲體之全乎噫樂之盡制於此可見而感通之妙有由然哉抑此特自樂之文言之耳若論其至則大樂與造化相為流通者也故始也法天地之和而終也贊天地之化然其本則始於和志而成行焉苟爲無本而徒擬議於法象之粗欲其與天地相似也難矣有志於古樂者尚其審諸

夫是以天下大平也諸侯朝萬物服體而
百官莫敢不承事矣

舒應龍

同考試官都給事中梁 批 格高詞雅讀之太平氣
象宛然在目

同考試官編修呂 批 順暢敷腴而又無一長
語非苟作者

考試官學士董 批 能言禮樂之化

考試官大學士袁 批 聖人以禮樂致太平子能

發之

聖人著君子禮樂之化而因詳其實焉夫人物順治化之盛也然非求諸吾身之禮樂亦安能以致是哉昔夫子告子張問政及此蓋謂禮樂之道不外於吾身而推之則冒乎天下君子惟其知此而致力也夫是以中正之履有以篤顒若之孚表儀樹而觀化同乂安之治斯溥焉和平之樂有以達豫動之休懽忻通而協氣塞時雍之效自臻焉蓋至序至和充塞乎天地之間

而大順大化會歸於惟皇之極天下於是乎太
平矣是故諸侯分治于天下其勢至渙也則刑
吾和序之德而共效翊戴之忱来享来王而一
德以尊天子者有異地無異人矣其有不賔服
者乎萬物散見於天下其幾至繁也則從吾和
序之紀而悉協惟貞之度並行細行而變通以
盡其利者無定形有定理矣其有不服體者乎
以至百官之布列于朝所以佐理天下者其位
至不齊也則仰德承休而效職之靡遑隨分竭

忠而服勤之恐後罔不式序和衷以左右乎厥辟矣又孰敢自弛其承事之誠乎夫是之謂太平之盛為政之極功也揆厥所自則禮樂之道歸焉故曰君子明於禮樂舉而措之而已師也又何惑乎抑孔子嘗以四代禮樂答顏子為邦之問矣而此獨以吾身之和序為禮樂何哉蓋顏子具有和序之德者而子張則務外過高故夫子教以反諸身而求之耳夫致力於吾身禮樂之本也斟酌先王之制而用之禮樂之文也

有本有文王道備矣學者當合而觀之

第貳場

論

人君其尊如天

王錫爵

同考試官檢討馬　批

事君如事天萬世人臣之則也子能濬發精思闡明奧旨文詞變化開闔渾融古雅知郢匠運斤無斧鑿痕迹而自中矩度讀之令人忠敬之念惕然興焉其有裨於臣紀大矣宜錄之以式

同考試官侍讀汪 批 君尊如天士子類言之未得肯綮此作歸於臣任其勞而君之尊乃顯深爲有見且體裁高古議論雅馴而開闔抑揚卓有奇氣必忠愛之誠素蓄於衷者取冠多士匪直以其文已也

考試官學士董 批 古人作論本借題以發明大意未嘗小拘也子能于和靖言表究極其指以明君臣之分非忠義蓄積于中何以有此取冠多士宜矣

考試官大學士袁 批 握域中之大權曰天曰君天運於上而不勞君之尊與天並者以此善子獨得其意

而詞義高古足以發之必能以天事

人君之尊天所命也人臣之尊其君亦天所命
也人君法天以治天下故能獨成其尊人臣事
君如事天故其君之尊益至法天者端拱于上
者也事君如事天者盡職于下者也端拱于上
是以運天下而不勞盡職于下是以任勞而不
敢懈運而不勞以得其臣也得其臣則治成治
成則君逸而天下益仰其尊勞而不敢懈以體

君矣首薦允宜

其君也體其君則政事理政事理則君無爲而
益顯其尊于天下此君之尊所以上與天並而
實君臣之大分天下之至理非有所强焉者也
宋儒尹氏知道者也曰人君其尊如天言人臣
當知所尊也明臣道也而吾本人君之所以爲
尊者言之明君道也斯二者蓋互相發也吾嘗
觀諸天矣今夫天下之人孰不知天之尊者古
今孰不能言天之尊者而欲求其所以爲尊則
未易見也將以其巍然峻極者言之歟斯以形

言天矣未得其所以為尊也將以其造育天下
者言之歟斯以用言天矣未盡其所以為尊也
夫五行之序四時之紀日月之照雨露之濡風
雷之鼓震此五者天之所以為造育者也使天
而無以運之則五者或失其統而天之化機窒
矣何以為尊也使五者不得其職而必待于天
自為之則天不勝其勞而其化機紊矣又何以
為尊也天惟密運于上而序之為五行紀之為
四時照臨之以日月沾濡之以雨露鼓動震盪

之以風雷周流循環而不可窮倏忽變化而不可測萬物以生以成而不知其所使以為非天耶而主宰之者何也以為天耶而天則何為也孰根柢是而特不得其故孰推行是而特不得其端於穆深遠而後知為天之尊也嗟乎此君道也帝王之盡君道者莫如堯舜孔子稱惟天為大惟堯則之君哉舜也恭己正南面而已矣後世而下可以想見其尊而覽觀載記堯舜之時亦多故矣其大者洪水橫流有苗弗率而當

其時寇賊奸宄未除禮樂未制五教未明天下之州牧尚未得其理宜二帝之不暇給而所以能成其尊者何也則以君道運于上而臣職盡于下也故洪水則禹治之有苗則禹征之未嘗以勞二帝也寇賊奸宄則皐陶掌之未嘗以勞二帝也禮樂則夔夷典之未嘗以勞二帝也五教則契敷之未嘗以勞二帝也九州十二牧則四岳統之未嘗以勞二帝也當時之臣不以勞遺其君而皆各任其職是能尊其君者也是能

事君如天者也而二帝于其時但見其地平天成而已矣但見其舞干振羽而已矣而上無勞焉又但見其四方從欲而已矣而上無勞焉又但見其鬼神咸格鳳凰來儀而已矣而上無勞焉又但見其五品以遜百姓以治萬邦咸寧而已矣而上無勞焉運而不勞猶天之運也不勞而成化猶天之于造育也故天下後世知天之尊則知二帝之尊言二帝之尊者必比于天之尊歷億千萬年而不攺者非有所強也嗟乎此

君道也故人君者履大寶握中極位曰天位而天下之位莫加焉天所命也膺歷數纘帝極統曰天統而天下之統莫加焉天所命也合天下邦國之奉祿曰天祿而天下之祿莫加焉天所命也人臣者受位與祿于君而賛君以承天之統者也亦天所命也天將付人君以撫御四海之權裁成萬物之道而代其造育之功則命之不得以不尊天將使人君以獨成其尊則不得不列百執事之臣以各任其職故君者天所命

以尊者也而臣者天所命以成其君之尊者也故君者所制也而非有所制者也所事也而非有所事者也所則也而非有所則者也其尊也天之道也臣者事君以自顯者也則君以自治者也行君之制而致之民者也其尊君也亦天之道也是皆天下之大分而非有所強者也故人君總攬天下之綱宰持天下之柄獨運于在上而其臣奉君之政承君之令勤勞于在下上下相成而君所以益尊也故禮之未備是天之

秩也不可忽也而典禮之臣任之矣樂之未作是天之和也不可忽也而典樂之臣任之矣教之未敷是天之叙也不可忽也而敷教之臣任之矣寇賊奸究之未除是所以謹天憲也不可忽也而明刑之臣任之矣州牧之未理是所以治天民也不可忽也而方岳之臣任之矣其或有蠻夷之侮是所以致天討也不可忽也而將帥之臣任之矣其又或有水旱之警是所以若天時也不可忽也而捍災禦患之臣任之矣人

臣皆竭精盡思惟恐遺其君以勞所以亮天工
也人君坐而受成運而不勞所以體天道也體
天道者君之本尊也亮天工者人臣之所以成
其尊也故天下見其禮樂教化之行而不見其
勞曰是何文治之神也見其政刑之當不執之
潛息強夷巨寇之咸弭而不見其勞曰是何武
治之神也見其方國之乂安捍災禦患之有道
而不見其勞曰是何加意于民而拊循之治之
神也若有以治之而亦不得其端若有以致之

而亦不得其故至此而人君之尊果與天並不可得而測也其明也日月之照天之明也其恩也雨露之濡天之恩也其威也風雷之鼓震天之威也其政事之順布五行四時之循環天之順也施之中國而愛戴施之八荒海外而歸服施之昆蟲草木而得所施之舟車所至人力所通凡有血氣而莫不知所尊故曰人君之尊如天能與天運者也

表

擬

周王得騶虞於神后山以

獻羣臣

賀表 永樂二年

段孟賢

同考試官署郎中許 批 才思淵博詞藻典麗我

成祖昭格靈貺闡揚極盡子其名世之瑞乎錄之

同考試官檢討陸 批 稱頌有體鋪敘有倫宜

典則流麗而藻思充溢我

朝瑞應之盛子其善於揄揚矣可佳可佳

同考試官編修姚　批　天錫仁獸用昭我

皇祖好生大德子能頌揚盛美而詞復雅麗三復起敬

同考試官右諭德唐　批　我

成祖至仁格天奇祥昭應未易形容也是作能於四六中揚厲閎休

讀之宛若親見者信可以彰盛美而垂無窮矣

錄之不獨以文之工也

考試官學士董　批　我

皇祖聖德昭明奇瑞來至實所以彰

昊天無疆之眷非特一時之慶也此作博雅典麗足以發之可式矣
考試官大學士表　批我
成祖功德巍煥昭格
皇天茲神物呈瑞實兆億萬年太平之治于餘表章靈貺而詞復純
美宜錄以傳
永樂二年五月
周王得騶虞於鈞州神后山以獻于
朝臣等誠懽誠忭稽首頓首稱
賀者伏以

帝德好生協氣旁流於率土
天心篤佑奇祥祗薦於中州丕凝二極之和懋
迓三靈之祉玄極煥彩
聖世呈珍竊惟君人位天地之中則天祥降地
符出王者為民物之主則民心順物化彰
蓋仁恩徧覆以無遺斯志意交孚而罔間
淵機默契景貺昭垂遡考前聞咸有徵於
鴻烈歷稽上瑞允莫過於騶虞氣禀金行
得純如之素質精分水德粲蔚矣之緇文

欽威揚愷悌之風覿德麗雍熙之目是稱
神物肇見堯時雲感高丘誕元精而佐舜
颷馳遠道懷明聖以歸湯逮於周室之興
遂入詩人之詠咀華行葦本忠厚於西岐
毓粹囿林現休禎於南國游更三季僅爾
傳聲凡閱千年復茲顯象恭惟
皇帝陛下
體膺含靈
執中布度

赤光虎變昭元命之貞符
紫極龍飛恊重華之盛際萬國運於掌上由推
不忍之心四夷在於目中爰擴有容之量
對時茂育躋世和平萃諸福以駢臻合四靈
而畢至肆
璇穹錫眷盐隆單厚之釐乃玉瑞涵姿正蹋
明昌之會產從神后匪同豹隱於深山獻自
宗藩迥邁獒來於異域炳若大人之變象應
河圖睟然君子之能名標漢賦率茲百獸

般般舞虞帝之廷羣彼五豵濯濯擾文王
之囿傍
翠華而翊
聖依
丹闕以懷仁麟時偕遊聿著太平之治鵲巢
妙應永觀王道之成是宜薦
郊廟以升馨勒鼎彝而傳美者也臣等才本駑
乘愧馳驅而莫効官聯鵷序倍翔舞以均
懽宇宙清寧慶歸馬放牛之候風雲際遇

効攀龍附鳳之忱仰
昊貺之無倫瞻
天顏之有喜濡毫作頌稽首颺言伏覩
駿業彌昌
鰲閫孔固跂行喙息舉安性命之情岳貢川
珍盡發乾坤之祕書同文車同軌大一統
之
皇輿地與久天與長介萬年之
聖壽臣等無任瞻

天仰
聖懽忭踴躍之至謹奉
表稱
賀以
聞
第叁場
策五道
第一問
成鍾音

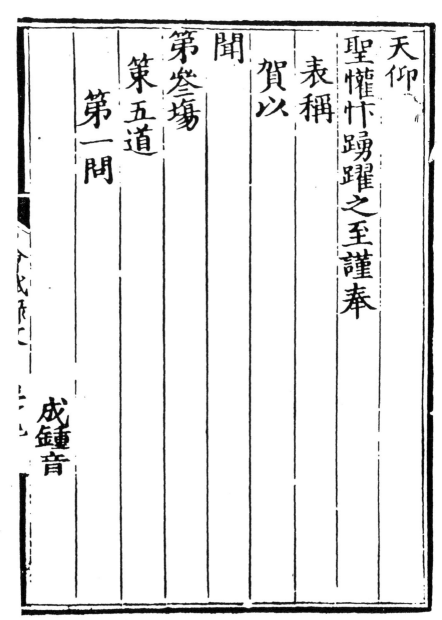

同考試官主事羅　批我

二祖

皇上德業同天雖文學之臣涵濡日久未易形容此作獨能颺言之

鴻筆之臣竊有望於子矣

同考試官都給事中張　批我

二祖德業超邁往古

皇上紹休媲美皆本於心學相傳儒臣賛述未盡萬一子乃有志鋪

張盛美以期鴻筆之臣必素懷忠忱思以自効

者歟

同考試官都給事中丘　批

我

二祖

皇上聖德神功遠邁唐虞真有繪

天地難爲工者子能頌述大槩而猶望鴻筆之臣闡揚其盛可以觀

忠愛矣

同考試官編修胡　批

我

二祖及我

皇上聖德神功莫可殫紀雖諸儒臣不過管窺一二耳此策能道其

大者而復致望於鴻筆之臣子豈其人耶

同考試官編修王　批

我

二祖

皇上鴻德之隆超軼三五如子所言似識其大而紀美傳盛猶有待

焉吾即以馬班張柳之文屬望於子矣

考試官學士董　批

我

二祖及我

皇上神功聖德爲萬世帝王之冠而諸臣頌述未稱子能以閎麗之

詞發之志可嘉尚已

考試官大學士袁　批

我

二祖
皇上天縱聖神功業振古蕩乎無能名焉吾子有望於鴻筆之文蓋
翔洽已久而欲歌誦其盛者宜錄以
獻
帝王建鴻德於上則鴻烈茂著是故其功業也必彌綸乎宇宙焉其治化也必超越乎古今焉而爲之臣者不能秉鴻筆以紀之則功業之隆輝映當年爾矣而未必闡萬世也治化之盛橫被無外爾矣而未必

沠無疆也司馬遷曰主上明聖而德不布聞有司之過也王通亦曰有美不揚天下何觀通經綴文之士際昌隆之世遇

神聖之君而不能摛詞摛藻敷德演功以歌詠太平之實雍容明盛之休顧不耻歟請因明問而敬陳之夫有一代之興必有一代首出之君紹天闡繹以開懿鑠之治有一代之君亦必有一代博雅之臣揚休述美以宣純曜之光自昔德業之鴻莫過於唐

虞三代而當時之臣所稱列而褒載者見於詩書可攷矣若益之贊堯夔之歌舜禹湯之績陳於謨誥文武之芳播於雅頌是時上有鴻德之君而其臣皆能表之下有鴻筆之臣而其君足以當之灝灝乎渢渢乎莫得而尚已裔是而降在漢則司馬相如侈主德之豐廣取徵於神異班固遡炎祚之融朗系統於帝堯在唐則張說獻握符之頌揚厲治功柳宗元譔貞符之篇昭

顯瑞應至邵雍則以五事論宋治焉曰受
命之日市不易肆曰克服天下在即位之
後曰未嘗殺一無罪曰百年方四葉曰百
年無腹心患是數臣者崇論竑議載國德
於傳書之上宣榮名於萬世之後庶幾鴻
筆之臣矣而當時之君或不足於鴻德政
治小康而心學靡究安能上窺帝王之閫
奥而下副諸臣之紀頌耶洪惟我
太祖高皇帝誕膺

寶命再闢渾淪軼駕三五垂統億萬巍巍赫赫
彪矣有竊窺弘猷彙以五事者曰攘克夷
狄以收復中夏也曰肇基南服而統一天
下也曰威加勝國而鋒刃不交也曰躬自
創造而臨御最久也曰申明
祖訓而家法最嚴也非近時詞臣謝鐸之言乎
有鋪敘景炎賛以六事者曰功高萬古也
曰得國之正也曰獨禀全智也曰敬天勤
民也曰家法之嚴也曰兵刑有統也非

國初儒臣宋濂之序乎鐸也紀盛於累洽之餘故述其貽謀者遠濂也對揚於親炙之日故參其締業者隆執事所謂舉閣鉅者言之非耶至於制禮作樂立綱陳紀經野體國設官分職揆文奮武備邊養民規模之宏遠節目之周悉則窮年不能闡其妙罄竹未能殫其書矣逮我
成祖文皇帝光承洪緒密運神機奠鼎幽燕耀威朔漠肆丕基之眘定乃文教之崇興表

聖道於六經訂法制於內訓所以懋世德

緜昌祚者真與

太祖同符矣當其時臣下贊之曰茂功偉績卓

冠百王其信然哉我

皇上禀上聖之資撫中興之運敬

天法

祖惇典敘倫至德通于神明宏業冒于海宇諸

所建立直超古始而僅見即使馬班搦管

張栁濡毫何能名狀其萬一耶雖然亦嘗

稍聞其閫鉅矣如
四郊定分祀之制而誠敬潛孚
明堂隆大享之儀而尊親無盡孝存怙恃大狩
舉於南巡道契羨牆崇祀嚴於東室
皇史宬之建尊訓錄也追先閣之勤憲
祖德也闢禁苑之居以重農桑之務去胡元之
享以謹夷夏之防諸臣條疏罔不立斷四
方類奏罔不躬省
昊穹昭格矣而

聖誠愈篤也故所報必順其時黎庶底寧矣而
宸衷愈切也故守令必慎其選蓋無一念不體
乎天意無一時不軫乎民生仁恩周浹道
化旁通充滿兩間苞裹六極祥符之協應
治化之雍熙不有以覲揚
二祖之光烈哉今夫五緯耀芒萬古不晦得所
麗也百川分派萬古不息得所歸也竊閱
鉅之休而究精微之極原原本本要有自
矣是故觀心有亭無逸有論釋洪範庶徵

之訓書大學衍義之文也
太祖格心之學也謂堯舜相傳惟在允執厥中
謂心能靜虛自然純是天理文華寶鑑之
輯聖學心法之書也
成祖端本之學也我
皇上敬一有箴五箴有註于以直內而存誠重
華有詠翊學有詩于以養心而窮理精一
之旨遠有所承本原之探近有所紹是
二祖作於先而弘創制立法之規

皇上繼於後而致垂拱平成之化有由然矣槩
而觀之
三聖鴻德之隆奚啻比隆唐虞三代已耶顧鴻
筆俊儒莫之有作而鴻文瓌藻未見於時
至使簡編之錄闕而不備歌頌之聲鬱而
不宣遐方殊俗靡所睹記得非儒臣學士
之責乎意者天地之廣大縱橫難數滄海
之極深揭厲難測耶夫追典紹謨歸雅還
頌益夔諸賢固未易跂及也至紬繹忠愛

之思連結弘麗之篇以彪炳
上德恢張國奇如漢唐諸臣其弗可嬈匹之乎
絃歌為妙異之曲坐者稱善詞臣揚
聖國妙異之政天下有不聳觀其殊卓萬口有
不膾炙其浩爛者耶不然長古而短今渥
前而薄後厥咎將誰任也愚生概於中久
矣敢以是而復明問

第二問

華啓置

同考試官署郎中吳　批考索精詳博而有見非徒摭拾陳言者佳士佳士

同考試官檢討吳　批近時士子類能談說理道至博物之學漫不究心讀此策足以破其陋習矣

同考試官編修張　批博辨之學聖門不廢要在有得於道焉爾子能條析往古歸本孔顏殆知遠覽而有心見者

同考試官修撰丁　批博物一策士子類勦浮

言殊無足觀茲獨剖析前聞歷如指掌必傳雅
士也取之

考試官學士董　批博學固難而知要尤難此作
雅醇可想見其人殆知要矣

考試官大學士袁　批超識閎覽通人之遠觀也然
聖賢之學固自有在子志於博雅而不詭於大道
非天下奇士耶

夫物粲然示人文矣故周物者存乎智夫
道渾然示人精矣故會道者存乎心文者

道之寓也精者物之本也文有不周則心爲有外無以盡散殊之用精有不會則智爲徇物無以達貫通之原是故物以道觀智以心運文以精貫用以原該君子所以究性命之情綜庶類之紀窮幽深之故而極古今之變也有由矣執事以格物之學下詢蓋欲觀諸生博聞辨智何如也末學固陋請以謏聞效之可乎夫君子之學求以致道也而亦貴於博物者何也吾嘗遡

觀道始而知物之原矣形氣未分太極既立二儀肇判萬化斯彰道爲物主而主者不可測也物由道生而生者不可窮也依形附氣象聲肖貌翹翾蠕蝝巍偉譎異大荒絶域昆蟲草木之賾往古来今寒暑日月之運夏革不能陳其端齊諧不能志其幻九牧之金不能備其狀隷首之算不能紀其數夫人處天地之中賦萬形之一自非精心内照通智外周安能枚舉而縷析

之哉嘗觀春秋之世列國之大夫類多閎
深辨博貫淹古今著牧民山高乘馬輕重
九府之篇則有若管敬仲焉讀三墳五典
八索九丘之書則有若左史倚相焉聘晉
而識實沈臺駘之祟非子產乎龍見而爲
御龍豢龍之說非蔡墨乎夫管子之書遷
史善其詳矣謹政通商均役盡利一匡之
業由此其選也粹羽純玉殆有得於聚意
者歟倚相之博楚國以爲望焉章華肆侈

申公進規祈招之詩由此其誦也式玉式金殆善陳夫王度者歟原參商之構卻而謂疾非由祟僑也知鬼神之狀矣辨董劉之世掌而謂非龍實智墨也達人官之能矣數子者豈徒以才知之美而遂能博通若此哉夷考其時周典未亡皇覽具在伯益之所紀述外史之所掌達名山秘藏金版玉箱之錄神經怪諜紫臺丹洞之簡與夫治國肥家之術刺世誡俗之言備矣賢

者學其大不賢者學其小譬之入都多奇
觀入市見異貨總攬而兼蓄之燁然著赫
稱于當時流景曜于後代宜也迨秦火旣
燔漢籍未著經生學士專門師授斷編殘
簡猶不得其全而欲宜覽詭奇極命庶物
斯已難矣然亦有若東方朔辨騶牙之瑞
董仲舒達重常之鳥終軍別豹文之鼮鼠
劉向究疏屬之貳負類能察象于耳目之
外定名于疆域之表動色縉紳震悚觀聽

一何偉耶夫下帷發憤潛心大業者篤矣
文史三冬萬言足用其自表非誇也條奏
秘書博綜羣籍者至矣幼學能文異材召
見其自負不羣也矧去古伊邇遺文稍稍
復出庸心考覈者無頏鄙之訾深知道術
者無淺闇之毀卽春秋諸大夫奚讓哉嗣
是若雷煥察斗牛之氣而知豐城之二劒
楚材辨角端之異而明天道之不殺窺豹
見其一斑嘗鼎嚌其寸臠亦有足多者執

事謂之通朗信矣嗟夫埳蛙不足以語海局於量也夏蟲不可以語氷篤於時也人不博覽則不聞古今不見事類不知然否與埳蛙夏蟲又何擇焉故鄒衍旁通五德侈談裨海遂使梁惠郊迎燕昭擁篲彼移監之不知其官貂蟬之不諳其義顧問之列有餘恧矣博物之學固君子所不廢哉且古今所稱大聖人者莫孔子若也使博物而可廢也吾意孔子當存而不論論而

不議矣廼今觀之楚江拾果析以萍實季
井得犬繹以獖羊鳥舞齊也推恒雨之徵
隼止陳也闡楛矢之遺而專車之骨又指
爲防風氏所遺焉探賾索隱鉤深致遠總
統百家包羅萬代非特漢晉諸人莫能窺
其畔岸即春秋數子亦未足涉其津涯豈
誠資于好問而得于敏求者哉備天地之
美稱神明之容内聖外王六通四辟天下
之道咸該昭曠之原而通睿哲之鑒是故

江海絡於地維寶藏富焉非取足於川瀆也日月麗乎天經萬象呈焉非有待于爝火也聖人天聰明之盡萬理涵焉非有俟于問學也所謂大人之胷懷非一才高智大無所不包者非孔子孰能當之雖然太宰訝其多能則以不試自解黨人稱其慱學則以執御自居又若不欲以是爲訓者當時及門之士若子貢之達冉有之藝夫子每不滿焉其所亟許而樂子之者顏子

一人而已夫顏子博文竭力所見卓爾聞
一知十頴悟如賜且遜避以爲不及顧以
如愚稱而不以博辨自見也觀其言曰我
不能博五經又不能博衆事守信一學不
好廣覽無温故知新之明而有守愚不覽
之闇嗚呼潛心退省入聖室矣造于眇思
極窅窅之深矣黜聰坐忘無待于外矣今
夫託契鴻濛而聆鈞天之樂者不審夫笙
鏞柷敔之聲游精象罔而獲赤水之珠者

不屑夫瑇瑁玫珉之産顏子何嘗不愽也
而特不以愽辨稱故夫子謂之曰吾服汝
忘也汝之服於我亦忘也是愽約之要授
受之徵也謂其才智出春秋漢晋諸子之
下可乎葢諸子者以智觀物周其粲然之
文顏子者以心求道會其渾然之精孔子
則兼道器貫本末小大精粗無乎不運其
明是故守一方之術拘耳目之近而無弘
暢雅閎之識是面墻之陋也離堅合異況

游廣涉聞見雖殫原本則闕是多歧之惑
也之二者失道均矣學者與其騖于外也
寧徇于內何則空器在廚金銀塗之其中
無物饑人不顧餚饍甘鹽土釜所盛入者
嚮之其所取者有在也夫道管于心該于
物辨析旣精大原斯會所貴乎學者豈徒
在物耶昔人有言心如丸卵爲體內藏睟
子如豆爲身光明葢見道器之樞具于我
矣誠能周其粲然者于目而會其渾然者

于心則顏氏之博文約禮殆庶幾乎愚不
敏竊有志希聖之學焉敢以是復

第三問

葉士實

同考試官署郎中許　批方今最急莫如金穀
損益盈虛有司往往計之而不得其術子能條
畫精詳末復歸重用人真知本矣識時務者在
俊傑非耶

同考試官檢討陸　批積貯當今急務此策

洞悉利弊籌畫精確而歸其要於得人必有志經世者錄之

同考試官編修姚　批　足國裕民儒生類能言之子獨區畫明悉確可施行必抱經濟之畧者

同考試官右諭德唐　批　是策能究極財計弊原而議論復可見之於行非苟作者

考試官學士董　批　足國先在足民興利先貴除害此經世之遠猷也子能反覆究言之可謂

有見矣

考試官大學士袁　批金穀之羸絀關國計之盈虛此方今急務當事者求其策未得也如子所條列不確乎可行耶

天下之言財計者非有異謀奇論運輸於財之外也酌損益之宜調盈虛之術以求所以裕之而已損益勢也勢有所趨而其本則先於下盈虛權也權有所御而其事則先於上知勢之在下也從而酌之則損

益之宜審矣知權之在上也從而調之則盈虛之術當矣務者乘夫上下而爲之酌焉者也是故言足財者先足其民權者乘夫利害而爲之調焉者也是故言足財者務除其害足民所以足國也除害所以興利也苟於民不加之意而於害財者復叢焉吾恐民益以窮財益以耗其患不獨在生民而且移之國計矣甚矣財計之繫於天下也孰事慮焉而求所以足國裕民

之道經生何足以籌此雖然試言之夫今之言財者有二曰五穀曰五金五穀民資之以爲朝夕養無能一日廢者而所賴以轉移爲用與穀互相資焉者又莫善於金二者之爲生民利誠至博且重矣其在五行則金金也穀木也五行未嘗偏勝謂有所缺者非也而曰金無餘氣者蓋以金之行令在秋而其權主殺天道好生故不令有餘耳若夫五穀亦或有不足者則有說

馬嘗以五行生尅之理推之金氣盛則木氣衰刑罰甲兵以金用也二者交動則金勝而傷木是以五穀因之焉然則觀於天人之際而其故可知矣天之道不令金有餘而人顧從而貴之木之氣常為金所勝而又從而賤之甚非所以順天之時興地之利也昔者禹貢九州定賦以秸粟為重箕疇八政養民以食貨為先七月之詩皆言農事之候無逸之訓深明小人之依聖

人治天下能使菽粟如水火而猶重之如此鼂錯謂明君貴五穀而賤金玉其說信矣顧今之時則有不然者三尺童子攫金而投之忻然咲而不忍釋天下之愛金類若此至於五穀乃或視輕焉死生飽餒之繫不遑恤而顧汲汲焉重金者何也夫固有所用之也自金之用日益侈而上下之交征也日益甚粟日以賤而金日以詘其勢必至於俱困而後已司馬光曰天地生

財止有此數不在官則在民此其乘除消長理與事誠然也而今之時則亦有不然者征求苛煩十室九罄殫竭民間之所有而歸之公上謂宜盡在官也然歲一不稔南北之待哺者輙以饑聞是猶可諉也曰歲也至於金之所入凶年不損豐年不加而亦有匱焉太倉内帑之所儲積日出而不給又一切爲救濟之術而取盈於經制常額之外以求足乎金而卒未嘗足何也

夫固有所耗之也耗之者無經而天地之
所生者有限歲復一歲將大虧而不可復
支其敝豈獨在民哉嗟夫天下如一身然
民其氣血也國腹心也氣血失所養而腹
心亦憊矣故今之歛財於下而上復空虛
者氣血腹心俱受病也爲今之計莫若先
圖足民欲求足民莫若先務除害二者因
乎其權與勢耳勢有損益而吾能酌之善
乘勢者也權有盈虛而吾能調之善達權

者也或者不此之察而惟損下益上曰以
足國爲計是猶虞人惜裘之美反而負薪
其亦不知重本也又或不事節縮而務操
切以漁獵乎民俾盈者愈盈而虛者愈虛
是猶止沸者不即去薪其亦不知急要也
是故欲足民者其道有二欲除害者其道
亦有二何謂足民之道重農事也崇節儉
也語曰民者背本而趨末天下之大殘也
今之有田者苦于稅役迫於逋負輒貿易

馬以少蘇旦夕而其稍有貯畜者則又輸之以補官鬻或事末作以趨利焉而田因之以輕矣田輕則農病而莫之肯事也欲粟有羨盈也何由乎於是而塞開納之路禁游食之衆使民皆著於本轉而緣南畝而又均其賦節其力無所擾之而專農事則力本業給衣食比櫛崇墉民多私積而各樂其所矣語曰淫侈之俗日以長天下之大賊也今官鬻末作之徒交勝而不[illegible]

無農夫之勞有阡陌之得遂桀然以競其侈心而僭上踰制莫之究極欲金無傷耗也可得乎於是而示之好尚立之表式令室廬有制也服食有等也婚喪賓客小大之禮各有節也則入於農者常有餘而經於用者又無濫財用焉得而不裕風俗焉得而不厚哉故勢日以趨下而民日以就益百姓富而君不獨貧執事所謂上與下兩利而俱足者是也何謂除害之道戒貪

吏也裁諸冗也周官以六計獘羣吏之治必以廉爲本故廉者吏之首善也今之爲民牧者豈無尚貞履約愛民且自愛者乎然而不如是者衆也挾其威與術以乘民之弱且愚朘民之脂膏竊公之羸羨若谿壑之深無厭也所謂盜臣與聚斂之臣或且兼之矣於是而吏以賕敗者必按跡嚴治之或逮治焉吏以廉稱者必褒嘉寵異之且殊陟焉則不肖者有所奪其情而不

敢肆而賢者益相與以勵厥守矣周禮有司徒以制賦之入又有職歲以制賦之出故周之理財也理其出而已今貢賦有定則而經用無常數以一歲之入較一歲之出其不足常十之四而費之濫溢者復迭轍孔多窠臼糾集所謂官浮于冗員祿浮于冗食兵浮于冗費蓋實無之矣于是而綜核鉤稽之以究其鹵莽滲漏之弊刷洗釐剔之以塞其磬、厭枵虛之原則浩穰之用可漸給凋瘵之民可少蘇矣此則握其權于上而酌盈以濟乎虛執事所謂去其害穀與金者是也害除則利自興將穀與金並饒而下與上同給矣是故足民之道於下之損者益之其勢常在下也除害之道於上之盈者虛之其權常在上也損益者以穀爲先而金非所重也盈虛者以金爲重而穀非所先也善乘其勢而握其權則固互相須而交相濟也唐劉晏制萬物

低昂常操天下嬴貲以佐軍興雖拏兵數
十年斂不及民而用度足第五琦當軍興
隨事趣辦人不益賦而國用豐是二人者
不取之民而財自足豈天雨鬼輸哉亦得
夫損益之宜盈虛之術而已矣頃者
皇上軫念民依肇修耕籍每春和則下佈種之
詔遇水旱則竭祈省之憂或
發帑輸粟或蠲稅免租所以勤恤乎農務者
何其至耶邇因軍需靡費度支告匱則自

光祿供億以至諸邊儲餉悉嚴覈之由有
司冗員至
內府監屬盡減汰之計歲所省誠不下數十
萬所以撙節乎財用者又何至耶
德意之宣昭
仁恩之普施是宜國富公蕃家給人足矣然而
求之於官官無儲偫求之於民民鮮蓋藏
捉襟露肘之態時見剪爪及膚之艱不免
此其故可知矣傳曰君者代天理物者也

臣者行君之令而致之民者也意者當事
之人安於愒玩惟踵常襲故以塞責怵於
利害恒瞻前慮後以求全持膠柱鼓瑟之
見者不究通變之方昧同舟共濟之義者
莫先
國家之急以故
皇澤汪濊猶有弗流下民怨咨猶有弗達茲非
有司者奉行之未至而何哉故羣材備而
成作室之功五味調而適和羹之用大學

論理財必歸重於用人良有以也雖然操奇贏而算秋毫者細人之謀也會籌書而考出入者有司之職也察乎上下之情因乎天地之利審乎經權之當而立乎久大之規此則耆碩之臣經國之遠猷也蓋其卓識偉度既足以主持大計而又好彥聖容有技如秦誓則以天下之才理天下之財而率作興事者濟濟乎畢集矣利國利民之道孰有要於此者哉陳平謂當責之

内史韋質謂不宜兼於宰相愚未敢以為然也

第四問

王錫爵

同考試官檢討馬　批　高世之節經世之具士君子所以褆身而致用者無出於此乎能以古雅之詞發前脩之美品隲無遺而願學有在足以占子之樹與蘊矣敬服敬服

同考試官侍讀汪　批　考究古人高節偉行

而以敷腴之文發之具見淹貫之學尚友之志
他日致用必能擴德業以流芳譽者矣佳士佳士

考試官學士董　批　品第諸子皆有定見末重
伊尹尤有歸宿而詞藻雅麗足以發之蓋非苟
作者

考試官大學士袁　批　評古所以鏡今也子於髙
世之賢經世之傑品藻劑量錙銖不爽末復以
伊尹折衷之尤見卓識

蓋聞植高世之節而懷經世之具者風采

著於當時聲實垂於後代乃志士之遠圖
達人之宏軌也此豈可與拘常攣俗沾沾
自効者道哉所謂高世之節者何也超於
風氣之表立於波蕩之中其視天下若有
所不屑者即怵之以威誘之以利而貞介
之操確乎其不易也有是節也而衆望歸
之矣所謂經世之具者何也明於天地之
故通於帝王之畧其視天下若無所甚難
者即授之以位委之以政而運量之能恢

乎其不匱也有是具也而衆望歸之矣夫節之立也由於己而具之施也存乎時時而用也則達諸天下不者亦以善其身而傳諸後是故趯然高蹈匪以釣奇也劃然遠播匪以炫能也其節誠修其具誠在二者備矣是謂全德衆望攸歸養盛自致匪飾行而要名也愚嘗執此以覽觀往昔品隲名流蓋自三五以降雖淳厚漸漓而光岳之氣蜿蟺扶輿磅礴而鬱積者往往鍾

瑰偉之材發寥廓之士上下數千載間未易以悉數也姑舉執事所詢者言之有處巖穴之間負天下之望如段干木魯仲連嚴光黃憲其人焉諸葛亮謝安才猷未試之先亦四子之倫也有處廊廟之間負天下之望如汲黯楊綰其人焉范仲淹司馬光功烈未究之先亦二子之倫也夫干木踰垣厲守文侯式其閭而東征之難息焉仲連輕世肆志平原屈其辨而帝秦之議

寢馬蟬蛻軒冕之外折衝尊俎之餘其遠致足稱也嚴光高步潁陽寄跡一絲之釣而節義所激漢鼎繫之黄憲潛修慎陽比量千頃之陂而風肯所感士類慕之奪奸雄覬覦之念消士友鄙吝之萌其高標可想也之四子者耽長往之趣者也諸葛亮抱膝隆中長吟梁父隱然有卧龍之譽焉逮感知三顧遂奠鼎足之業謝安陶情山水高謝塵寰蕭然有凌霞之致焉及出當

國柄竟貽典午之安管樂長材東山雅量
民不失望其在此乎汲黯詰張湯之刻斥
公孫之詐直氣勁節天子重之淮南畏謀
有所憚而不發固無假於重權也其社稷
之臣歟楊綰居家不問生業祿廩悉分姻
舊清名儉德天下高之京兆騶從聞相命
而輒損固無俟於歲月也其縉紳之表歟
之二子者樹匡世之績者也范仲淹志抱
先憂而以天下為任進百官之圖級西夏

之旅康濟弘畧不待奉天章之對而才已見矣司馬光學本不欺而以國家為念進五劄之規持新法之諫軫民至意不待興元祐之治而德已孚矣庶士承風田夫知姓永世有辭其在此乎嗟乎出處異致心迹岐觀稱毀殊情始終易態聚廬而居同閈而處以某問某蓋有曰吾不知之者矣況身處巖穴而才猷未試者或垢俗以動其槩或疵物以激其清而恒不免離羣之

誚身居廊廟而功業未究者或矯衆以伸其志或急節以赴其會而恒不免徇世之嫌久矣夫聞望之難也迺古之人令譽宣昭無論遐邇久近莫不仰休光欽懿烈此豈聲音笑貌奔爾為之而僥倖其或得者哉無亦耿介拔俗愾慨爾時其節與具有大過人者耶今夫麟遊藪而仁氣揚鳳巢阿而德輝著幾相為感也君子高世之節猶是也不言而天下信之後世為準焉即

身之顯晦弗論已今夫水懷珠而川媚石韞玉而山輝實不容掩也君子經世之具猶是也未行而天下信之後世爲準焉即位之崇卑弗論已嚴光諸人所以負天下之望者節也而未始無其具仲淹諸人所以負天下之望者具也而未始不修其節向使砥礪亢矣而不閑於具則索之易窮名奚取焉若殷浩是已弱冠馳聲清徽卓越通人伺其去就蒼生卜其安危可不謂

名乎而東之高閣之言足稱達識由其具
之不豫也才略具矣而不植其節則迫之
易玩功曷貴焉若韓信是已秉鉞東麾三
秦底定卷旆北指燕趙風靡可不謂功乎
而易與之侮切中生平由其節之不立也
甚哉名與功之不足恃而高世之節經世
之具所宜豫養而兼全者也則干木以下
諸君子者是已雖然干木仲連抗節亂世
貞矣要其指歸不合於大道謝安矯情鎮

物談虛崇侈君子不由也若嚴子陵之逸致黃叔度之宏宇汲長孺之切直楊公權之廉操諸葛孔明之大畧范希文司馬君實之純德殆庶幾乎九原可作也愚誠願爲執鞭欣慕之焉然而非其極也孰事謂古人必有可法者其惟伊尹乎躬耒耜而樂堯舜也而世不以爲迂湯始以幣聘之囂囂而不顧也而世不以爲伉已而就湯而世不以爲狗翊商受命纘服有夏而世

不以爲異彼所以取信於天下者何其豫耶應龍潛於深淵靈幻倏爍人覩其神而莫測也及騰馳雲霧上下天地變化風雨滋育萬類人被其利而莫知也蓋自一介取予推之千駟萬鍾非道義而不屑也高世之節孰尚焉然而非有心於潔己也自匹夫匹婦恥不被堯舜之澤而左右厥辟以式于九圍也經世之具孰周焉然而非有意於趨時也是故專美有商高視千古

迄今莫與爭功而較名者允也其元聖哉
儒者有言盛學聖人而未至不欲以一善
而成名且志伊之訓愚生夙聞之矣執事
幸勿以為狂

第五問

揚州民

同考試官都給事中梁 批 安攘乃
國家大計此策洞悉時弊區畫有方真經濟之才也錄之

同考試官編修呂 批 南北練兵正今時急務

子能究極利弊斟酌時宜皆鑿鑿可措諸行事
稱爲俊傑非耶

考試官學士董 批 此問反覆探究乎重練兵
乃發策之始意也諸作多綴浮詞而闇于本指
子獨能慷慨發憤悉陳遠猷其志于用世者矣

考試官大學士袁 批 練兵之於調兵利害昭晳
什伯今南北當事者類以調兵爲一時之計靡
財毒民甚矣子獨條析練兵之利不可以裨
廟堂之石畫耶

執事策諸生而欲求濟世之畧經國之儒也故以時務終焉今時之務在西北則患虜宣大薊鎮最急在東南則患寇首難浙直轉入閩廣頃且薄江右矣古稱極治莫過唐虞而猾夏之防奸宄之慮猶自不免庸何損於聖世乎第今之建議者不審其要而煩言以飾聽圖事者不核其實而虛文以飾觀則嘗竊疑之矣何謂要南北之練兵是也何謂實知練兵要矣力去其弊

而嚴責其成是也夫薊鎮宣大密邇
畿輔頻年數數告警鑿幕内逼疆事日增武
備寖弛戎行半耗即隷於藉者率多選愞
無復勇悍沉鷙漁陽突騎之風乃鍛甲砥
劒矯箭累弦未能創敵而未見休時故曰
最急也往者督臣議設垣墻墩堡議大城
京後將重險而預防一勞而永逸也因以復
大寧之戍奠開平之都讋諸夷之心息四
郊之燧其見卓矣然而塹山堙谷嫓於絶

地畫境分圻能無棄野異日者叩垣登陴恐貽與共之戚矣矧物力方虛閻左復發豈節民之道耶又儒臣議於幽冀之域土著之民一切賦役咸與蠲貸惟飼馬而供稅列屯而置隊也因以固疆圉之守施寬假之恩張制禦之威成拱翼之勢其見遠矣然而藉民爲兵近於保甲月操歲閱能不妨時異日者揭竿挺鋤恐貽腹心之患矣矧公計方殷輸將悉罷豈裕國之謨耶

是故兩議者皆非要也夫宣大急矣猶爲
外戶也若薊鎮則堂奧也東起山海西抵
居庸延袤幾二千里而近曆莞鑰之司者
懷震驚之慮胡可不審其要哉遠徼延固
近擻宣遼在我仰給於客兵在彼寔疲於
遠戍戍心游啓滋蔓難圖于後靡遑及瓜
莫代甲冑苦於蟣虱杼軸竭於轉輸非久
遠之畫也經畧之臣謂宜先揃循三衛詞
彼虛實絕彼鄉導以夷攻夷至善策也夫

拊循者惠也而懾服之者威也威振矣而惠施焉而後弗敢玩也所以振其威者惟練兵之爲要乎至於東南之事亦有然者曩倭夷竊釁海島乘軍吏之弗戒潛竄浙直閩羣不逞之徒投機煽搆闌廣江右之交多阨塞之墟萑苻之藪入焉嘯聚出焉剽刼如迅飈如突豕隨撲而輙起少熄而復熾州縣或窘於城守之未備村堡多潰於壁野之未堅亦既急矣當事者戒心於

擊目之危而困智於徒手之搏於是議調
遣議召募搶攘紛紜莫知所出令劇寇固
在也重以千里被水患往往赤子爲蝪蛇
而作使爲徂詐剿捕之期胡可緩也問其
所以剿捕之者匪調即募耳豈其廢郡縣
之兵而乏之鄉鄙之民耶西漢時郡國有材
官騎士太守都尉令長丞尉會都試課殿
最水處爲樓船邊郡行障塞有司以羽檄
徵發各因其地此郡縣之兵之實也彼役

於官而食於民見謂爲兵者非少也胡不以漢制律之也唐李抱真守懷州遍籍人戶三丁擇二給以弓矢曹偶習射歲終大校第能否示賞責二年皆爲精兵此鄉鄙之民爲兵之效也彼民猶夫故也胡不以抱真之法施之也夫寇始發而調且募也猶可委也今數載於茲矣三年爲國遂使知方七年教民可俾即戎賢聖所作爲可不深思而勉効之乎應調之兵非我族類

惟思干賞而蹈利應募之兵率多無藉豈
能安制而矜節縱橫睥睨僵良善以爲已
功稍逆其意則羣起譟呼北遣之歸則四
分鹵掠視薊鎮調兵之害爲尤甚矣乃泄
泄焉玩志於蓄艾之圖託言於采薇之役
獨何心哉是故南北勢殊而練兵爲要一
也愚踈伏草野竊聞
聖天子明燭萬里而心周乎四海屢廑
詔旨切責督撫諸臣念此至熟也諸臣圖方略

奉奔走而厥效未覩毋乃去弊而責成者不核其實耶夫練兵於北將帥事也練兵於南守令事也制之以督撫監之以憲臣請

上之賞罰而鼓舞其下之心志者也自練兵之議行以殊能顯績而蒙不次之賞以無能僨事而加不測之罰者誰耶有之而弗能辨愚也匿焉而弗以聞罔也其咎有攸歸矣古者推轂閫外則閫外之事聽其便宜

今之待將帥者輕矣有投石超距之士而無以優之有鞭扶貫耳之法而不敢施之柰何欲結其心而作其氣也古者保障一方則一方之賦聽其出入今之待守令者輕矣有父兄子弟之懷而無以恤之有身臂指使之勢而無以制之柰何欲習其教而遂其志也夫使將帥守令而不可任也則是不擇而用之者之過也既擇其可用之才而恡其得為之具所謂縶騏驥之足

原稿缺頁

原稿缺頁

羣聞若將爲娛者曾何裨於用哉是故實
心以練則其技方精而其用可濟也雖然
猶未也執事欲闡究極根本之論愚也竊
請遂畢其説可乎薊鎮練兵之未效也諸
臣憚於振厲而樂於因循倚客兵以充扞
禦薄主兵以供役使其心固日夜跂徙官
而釋負也東南財賦地也軍興費鉅匪調
募無以逞乾没之能而盈谿壑之欲也嗟
乎不實心以體國而私便其身圖將何所

利賴耶
主上神聖向者罪邊師之不武
大威也
遣部臣給餉於北而下
詔減稅於東南
大恩也此忠臣志士所爲銳意殫力捐軀報國
之秋也夫薊鎮有備則延固宣遼兵可無
調西北以鹽而東南經理得宜天下皆盡
無虞矣是故因機以應變量地以制宜當

事者之責也戰國時蘇秦策六國漢韓信
計三秦賈誼料諸侯王其言卒驗若持左
券而取質也執事慨迂儒不達時宜而姑
引此三人者發其端固以俊傑望諸生諸
生章句豎子耳何足以辱明問聊述所聞
備採擇焉

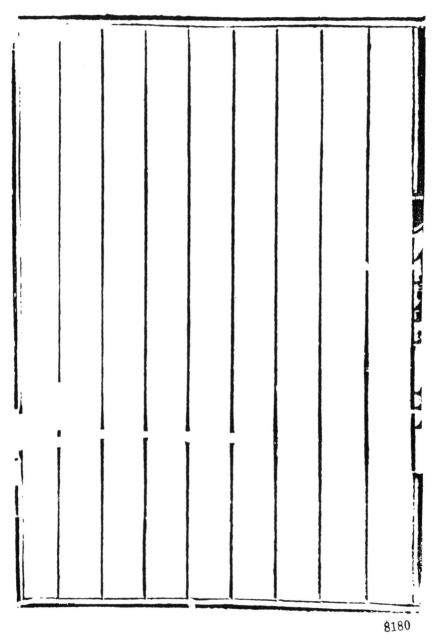

會試錄後序

嘉靖四十一年當會試天下
士先是
上簡用禮部尚書臣訥而左侍郎
臣拱右侍郎臣陛皆一時
並命盖爲會試也既而部
請典試

上特命大學士臣煒學士臣份往
惟時臣煒方朝夕直贊承嘗
離
左右以重試事
遣之將入院之日恭詣
迎和門稽首辭
上特馳賜金緋酒饌臣份亦濫與

馮蓋非常之
恩創見之異數也臣竊自惟念才
至不肖幸
皇上收錄拔擢生成比于
天地昨嘗典試者再皆蒙
優渥之賜茲復膺重委被
賜尤渥非臣之愚所能仰稱惟

踴躍奮勵冀有所得士以少
圖報塞而是時會有
宮建之役擇以月之九日迎棟
西内實
聖斷也當其日百官皆擁從于道
鼓舞懽忭臣宜從而以職事
奉役特于院中望其氣見其

祥光屬天北向稱慶而九日士
初試之日也古以士爲梁棟
易言棟隆吉而其時不先不
後適與之合夫事固有先而
期固有兆意士將有如茲棟
者以出而應其時乎臣闓匠
氏貴于得木典試者貴于得

士木而有棟室之榦也匠氏得之而萬木皆後矣士而有如棟者國之榦也典試者得之而羣材皆下矣臣甚為諸士願而臣伏觀我

皇上睿智天縱總攬萬機端拱九重明照四海人臣方奔走

不暇何敢仰望
清光而況着賢翼戴俊彥在列
治化方隆豈後進之士復能裨
補萬一而輒望以為國之幹
則以大海雖充而天下之水
畢歸者各聚其流也太倉雖
足而天下之貢畢至者各率

其職也自
皇上御極以来凡舉會試者十四矣而于此尤軫
聖心至親爲加念夫
聖皇之心一動則百神效職萬靈供事即如
宮殿之役

天人協贊上下闓懌
億萬年無疆之基不日成矣士號
有知者獨無激發以自效于
國者乎臣固于是而卜之矣雖
然顧竊有言焉曩臣嘗往閱
工所見匠氏者左援規右援
矩木之中尺度者無不收矣

大者爲欄小者爲桷桷收而不顧欄顧而不專以其材之未大也臣私識之異日者又往而見匠氏左引繩右引墨木之從直而中堅者無不收矣其直而堅者雖小必收否者雖大弗錄以其大而無當

于用也臣又私識之既而臣
悟士者貫于取材而尤先于
立本夫砥節礪行貞士之所
以成信也秉德持操賢臣之
所以致身也古之人立德不
在大而慎行不在小芎芷不
以無人而不芳其性壹也梗

楠不以易地而不長其質定也故利不能回所以滓志也勢不能怵所以明守也立而不搖所以飭範也行而不疑所以約趨也木必培其根而士必樹其本如使士而若此則雖未用于

國其幹具矣如其不然而
國何賴焉又何取于材之有夫
竭精發憤思以効忠士之夙
心也遇
主逢時期以自見士之所大幸也
端本正始務以植躬義之所
先也得則進而光佐

聖朝顯策勳業名垂後來失則爲
世所戒始于毫釐辨以千里
士亦其自審哉臣既仰奉
上命其品第諸士公也非臣之所
得私也其于諸士相儆之語
亦公也非臣之所得私也錄
成用敢述其語以聞之于

上云
嘉議大夫吏部左侍郎兼翰
林院學士掌詹事府事董份
謹序

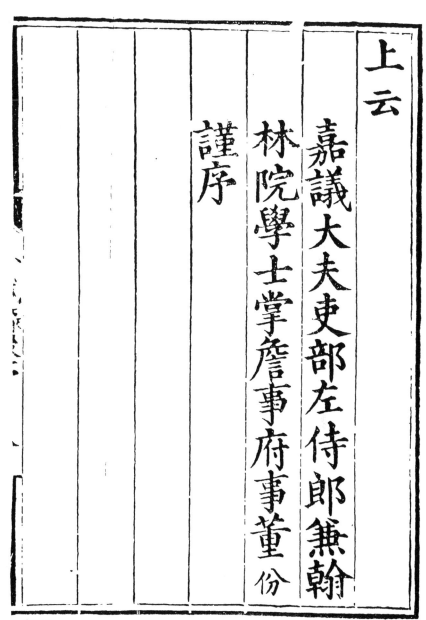